하버드 인생학 특강

HOW WILL YOU MEASURE YOUR LIFE?

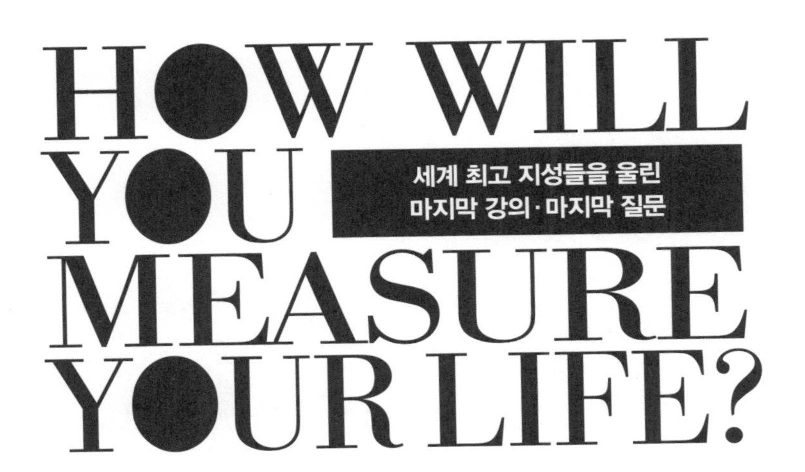

하버드 인생학 특강

제임스 올워스, 캐런 딜론 지음
이진원 옮김 | 이호욱 감수

이 책에 쏟아진 뜨거운 찬사

세계적 경영학자 클레이튼 크리스텐슨 교수가 이번에도 아주 놀라운 성과를 내놓았다. 이 작품에서 그는 우리가 시간에 쫓기느라 놓치고 있던 자기 자신에 대한 본원적 고민을 가장 경영학적이고도 생산적으로 할 수 있는 가이드라인을 제시한다. 특히 성공한 CEO들은 이 창조적 가이드라인을 통해 과연 본인의 경영 점수가 몇 점인지를 체계적으로 점검할 수 있을 것이다.

박남규(서울대학교 경영학과 교수)

몇 년 전, 파괴적 혁신에 대한 크리스텐슨 교수의 강의를 들으며 기업 세계의 복잡한 현상들을 관통하는 법칙성을 발견해 내는 그의 통찰력에 감탄했었다. 이처럼 기업의 흥망성쇠를 설명하는 수많은 이론들을 인간의 길흉화복에도 적용하는 시도는 역시 그다운 기발한 발상이다. 이 책은 미래를 설계하려는, 그리고 삶에 대한 예측 가능성을 높이려는 사람들에게 상당한 실질적 도움을 주리라 생각한다.

전성철(IGS 글로벌스탠다드연구원 회장)

그의 이야기는 언제나 번개를 맞은 듯 머릿속을 환하게 밝힌다.

앤디 그로브(인텔 명예회장)

신뢰 가는 자료, 훌륭한 연구와 사상!

〈포브스〉

경영학에 전혀 무관심한 친구와 가족에게 이 책을 추천해 보라. 얼마 뒤 그들은 인생이 달라졌다며 당신에게 진심으로 고마워할 것이다.

〈하버드비즈니스리뷰〉

클레이튼 크리스텐슨은 지구상에서 가장 영향력 있는 경영사상가다. 그는 무엇보다 가장 잘 경영해야 할 것이 바로 '인생'이라는 위대한 깨달음으로 우리를 인도한다.

〈뉴요커〉

인생을 성공적으로 살아가려는 이들에게 최고의 메시지를 전하는 책! 저자의 흥미진진한 개인사와 경영사상가로서의 통찰이 조화를 이룬다. 피터 드러커가 미치 앨봄을 만난 격.

〈블룸버그비즈니스위크〉

크리스텐슨 교수의 견고한 지혜가 신선한 충격을 선사한다.

〈가디언〉

경영학적으로 인생을 설계한다는 것이 이런 감동을 줄 수 있다니! 대단히 매력적이고 강력하다. 설교조가 아님에도 영감을 주는 책. 보다 의미 있게 살아가려는 사람들은 물론, 사회생활 초년생들까지도 반드시 읽어야 한다.

〈퍼블리셔스위클리〉

스스로 자신의 미래를 그려 나가기 위한 도구를 선사한다.

〈파이낸셜타임스〉

시작하기 전에

하버드경영대학원의 종강일이 되면, 나는 제자들에게 내 대학원 동창들이 졸업 후에 겪는 변화들을 들려주는 것으로 강의를 시작한다. 대부분의 대학원 동창회처럼 5년마다 열리는 우리 대학원 동창회에서도 다양하고 흥미로운 장면들을 만난다. 학교는 이런 행사 때 졸업생들을 불러 모아 거액의 기부금을 모으는 데 탁월한 수완을 발휘한다. 붉은 카펫이 깔리고 유명 연사가 초빙되며 다채로운 행사들이 벌어진다. 졸업 후 5년 만에 처음으로 동창회에 참석했을 때, 어마어마한 인원의 동창들은 다들 아주 세련되고 부유해 보였다. 우리는 정말로 특별한 존재가 되었다고 느끼지 않을 수 없었다.

분명 축하할 일이 많았다. 동창들은 실제로 잘나가는 것 같았다. 모두 멋진 일을 찾았고, 일부는 해외에서 일했다. 또 대부분 본인들보다 훨씬 더 외모가 뛰어난 배우자와 결혼해서 살고 있었다. 동창들의 인생은 모든 면에서 무척이나 화려해 보였다.

그런데 10년 차 동창회부터는 예상 밖의 변화들이 생기기 시작했다. 내가 만나고 싶어 했던 동창들 중에 다수가 불참했다. 처음에는 불참 이유를 알 수 없었지만, 연락을 취하거나 다른 친구들에게 수소문한 끝에 점차 이유를 끼워 맞출 수 있었다. 내 동창들 중에는 맥킨지와 골드만삭스처럼 유명 컨설팅 업체와 금융회사에서 임원으로 일하는 사람들이 있었다. 그리고 어떤 동창들은 〈포천〉 선정 500대 기업의 최고위 자리를 향해 나아가고 있었다. 또 이미 기업가로 성공해서 인생이 바뀔 만큼 엄청난 돈을 버는 동창도 몇몇 있었다.

하지만 그러한 직업적 성공에도 불구하고 동창들 중 분명 불행해 보이는 사람도 많았다.

겉으로 드러나는 직업적 성공의 이면을 들여다보면, 자기 일을 진심으로 즐기지 못하는 사람이 다수였다. 또한 이혼하거나 불행한 결혼생활을 하는 동창들 이야기도 많이 들려왔다. 몇 년 동안 자식들 이야기를 입 밖에도 꺼내지 않던 한 동창이 기억난다. 그는 자식들이 사는 곳과 동떨어진 해안 지역에 살고 있었다. 또 다른 동창은 졸업 후 세 번째 결혼을 준비 중이었다.

내 동창들은 내가 아는 사람들 중에 가장 똑똑하면서도 수준이 높았다. 그들은 졸업할 당시 사회적으로나 개인적으로 훗날 성취하고자 하는 것에 대한 계획과 비전을 갖고 있었다. 그러나 도중에 그들 가운데 몇몇의 인생이 꼬이기 시작했다. 사회적으로는 탄탄대로를 걸었지만 개인적 관계는 악화되었다. 그들은 친구들에게 사생활과 사회생활이 극과 극 수준으로 다른 이유를 설명하느라 당황해했다.

그때만 해도 나는 이와 같은 일들이 중년의 위기처럼 일시적 현상에 불과할지도 모른다고 여겼다. 그러나 졸업 후 30년 만에 열린 동창회에서 문제가 더 심각해졌다. 동창 가운데 한 명인 제프리 스킬링은 엔론Enron 스캔들에 휘말려서 구속됐다.

내가 알고 있던 대학원생 제프리 스킬링은 착한 친구였다. 똑똑했고, 열심히 일했으며, 가족을 사랑했다. 맥킨지 역사상 최연소 파트너 가운데 한 명이었고, 엔론의 CEO로 부임하고 1년 만에 1억 달러가 넘는 돈을 벌었다. 그러나 동시에 사생활은 성공적이지 못했다. 첫 번째 결혼은 이혼으로 막을 내렸다. 점점 더 유명해질수록 그에게선 언론이 붙여준 별명인 '금융계의 상어'의 모습이 느껴지지 않았다. 결국 엔론의 파산과 관련해 연방정부가 제기한 여러 가지 중죄 혐의로 유죄를 언도받으면서 그가 그때까지 쌓아왔던 모든 경력은 물거품이 됐다. 나는 내 친구가 그토록 어긋난 길을 걸었다는 사실과 얼마나 엄청난 짓을 저질렀는지를 알고 큰 충격을 받았다. 뭔가가 그를 잘못된 방향으로 인도했던 게 분명했다.

개인적 불만, 가족의 해체, 험난한 사회생활, 심지어 범죄 행위까지, 이런 문제들을 내 하버드경영대학원 동창들만 겪은 건 아니었다. 옥스퍼드대학교에서 같이 수학했던 로즈 장학생(영국 옥스퍼드대학교가 미국·독일·영국 출신 학생들을 대상으로 선정하는 로즈 장학금을 받는 학생.—옮긴이) 동창들 사이에서도 졸업한 지 몇 년 뒤에 똑같은 일이 일어나는 걸 보았다.

장학생으로 공부할 기회가 주어진 만큼, 옥스퍼드 동창생들은 학문적으로 탁월한 능력을 갖췄으며 운동이나 정치나 글쓰기 같은 과외 활동에도 뛰어나고 지역 사회에 기여했다는 걸 스스로 증명해야 했다. 분명 우리는 세상에 기여할 게 많은 원만한 성격을 가진 교양 있는 사람들이었다. 실제로 대부분 믿기 어려울 정도로 크게 성공했고, 따뜻하고 행복한 가정을 꾸렸다.

그러나 시간이 지날수록 32명의 로즈 장학생 동창들 중 몇몇 역시 실망스러운 일들을 겪었다. 그중 한 명은 《도둑의 소굴 *Den of Thieves*》이란 책에도 소개됐듯이 중대한 내부자 거래 사건에서 결정적인 역할을 했다. 또 다른 동창은 정치 선거운동을 도와준 십 대 소녀와 성관계를 가진 혐의로 구속 수감됐다. 그는 당시 자녀를 셋이나 둔 기혼자였다. 내가 직업과 가정에서 모두 위대한 성공을 거둘 것이라고 장담했던 한 동창은 두 차례 이상 이혼하는 등 힘든 인생을 살았다.

졸업하기 전에 분명 이들 가운데 어느 누구도 일부러 이혼하거나 자식들과 연락을 끊고 살거나 감옥살이를 하겠다는 인생 경영 전략을 의도적으로 세우지는 않았다. 하지만 너무나 많은 동창들이 끝내 이런 상황에 놓이고 말았다.

괜한 오해는 하지 말기 바란다. 실망스러운 이야기가 있는 반면에 모범적으로 삶을 이끌어온 동창들도 많다. 그들은 내게 진정으로 영감을 주었다. 그러나 우리 인생은 아직 끝나지 않았다. 또한 우리 자녀들의 인생도 이제 막 펼쳐지고 있을 뿐이다. 결과적으로 이 책은 본래 걸으려던 길에서 탈선한 사람이나 아직까지 정도正道를 걷고 있는 사람이나 이제 막 인생의 여행을 시작하는 사람 모두에게 도움이 될지 모른다. 너무 많은 사람들이 인생을 엇나가게 만드는 힘과 결정에 취약하니까.

나는 멋진 아내 크리스틴 덕분에 지금까지 여러 면에서 운이 좋았던 축에 속한다. 크리스틴은 놀라운 예지력으로 우리 부부가 미래를 꿰뚫어볼 수 있게 도와주었다. 그러나 우리가 내린 결정을 모방하면 누구나 행복하고 성공할 수 있다고 주장하기 위해 책을 쓴다는 건 바보 같은 짓일 것이다.

그보다 나는 경영학 연구의 핵심적 접근 방법을 따랐다. 그것은 이론을 이해하자는 것이다. 이론이란, 너무나 많은 똑똑하고 선한 사람들이 더 나은 선택을 하려다 잘못된 결정을 내리고 마는 상황의 인과관계 메커니즘을 말한다.

나는 이 이론을 찾는 과정에 제자들을 참여시켰다. 내가 가르치는 '성공하는 기업의 창조와 유지'라는 MBA 과목에서 우리는 총괄 관리자들이 하는 다양한 차원의 일을 살피며 이론을 연구하고 있다. 이론은 원인과 관계와 이유를 담은 진술이다. 이론을 이해하면 학생들은 기업 사례를 검토하기 위해서 이론을 안경 렌즈처럼 '착용'할 수 있다. 우리는 기업 내에서 문제와 기회가 생기는 이유와 과정에 대해 각 이론이 어떤 설명을 할 수 있는지 논의한다. 다음으로 향후 그 기업에 어떤 문제와 기회가 생길 수 있고, 경영진이 그럴 때 어떤 조치를 취해야 하는지를 예측하기 위해서도 이론을 활용한다.

이렇게 함으로써 학생들은 강력한 이론이 지금까지 산업, 산업 내 기업, 기업 내 사업부서, 사업부서 내 팀 등 비즈니스 분야의 위아래를 총망라해서 일어났었던 일, 그리고 앞으로 일어날 일이 정확히 무엇인지도 설명할 수 있음을 배운다.

지난 몇 년 동안 나는 하버드경영대학원의 종강일에 내 동창들 삶에 그토록 빈번하게 일어났던 사건들을 요약·정리한 뒤 학생들과 함께 조직의 가장 기본적 요소인 우리 자신을 분석하면서 논의를 한 걸음 더 확장시켰다. 사례 연구 대상을 기업이 아닌 우리 자신으로 삼은 것이다. 이론의 렌즈를 통해 우리 자신의 모습을 관찰함으로써 어떤 행동에 대한 이론의 예측이 실제로 어떤 결과를 낳을지 살펴보았다. 교수로서 나는 제자들보다 더 많은 역사적 지식을 갖고 논의에 참여하지만, 학생들과 동일한 규칙을 따랐다. 우리는 앞으로 우리에게 일어나기를 바라는 일이 아니라 각자 내린 결정과 행동의 결과로 우리에게 닥칠 거라고 이론이 예상하는 일을 알아보았다.

오랜 기간 동안 이 논의에 참가했기에 나는 어떤 학생들보다도 이 이슈에 대해 많은 걸 배웠다. 한편 학생들과 균형을 맞추기 위해 이 이론들이 내 인생에 어떤 역할을 했는지를 알려주었다.

종강일이 되면, 논의의 틀을 짜기 위해 칠판 맨 위에 우리가 그동안 연구했던 이론들을 적는다. 이어 이론들 옆에 다음과 같이 간단한 세 가지 질문을 적는다. 각자에게 다음과 같은 일을 어떻게 확신할 수 있는지 묻는 것이다.

1) 내가 앞으로 사회생활을 하면서 성공하고 행복할까?
2) 배우자, 자식, 친척, 친구들과의 관계가 계속해서 행복의 원천이 될까?
3) 나는 성실한 삶을 살고, 감옥에 갈 일이 없을까?

이 질문들은 단순하게 보일지 모르지만, 내 많은 동료들이 물어보지 않았거나, 혹은 물어봤더라도 그로부터 배운 것을 잊어버린 그런 질문들이다.

나는 매년 강좌에서 다뤘던 이론들이 학생들과 연구한 기업들만큼이나 우리 사생활에 관련한 이슈들을 잘 설명해 주는 걸 보고 놀랐다. 이 책에서는 이번 강좌의 종강일에 논의했던 것들 중 최고의 통찰을 뽑아 정리했다.

2010년 봄, 나는 강의 시간에 가르친 이론들을 인생에 접목시키는 방법을 전체 졸업생들 앞에서 연설하게 되었다. 당시 항암화학요법을 받고 있어 머리숱이 거의 없는 채로 학생들 앞에 선 나는 아버지의 사인死因과 유사한 암인 '여포성 림프종' 진단을 받았다고 밝혔다. 그리고 그간 내가 가르쳐온 여러 이론들을 인생에 적용함으로써 얻게 된 변화들을 제자들과 나눌 수 있어 감사하다고 전했다.

또한 우리 인생에서 가장 중요한 것을 이야기했다. 나처럼 생명이 위태로운 병에 걸렸을 때만이 아니라, 우리 모두에게 매일 중요한 것 말이다. 그날 학생들과 함께 내가 가진 생각을 공유할 수 있었던 건 정말 멋진 경험이었다.

그 학기에 내 수업을 수강하고 종강일 연설 자리에도 있었던 제자 제임스 올워스와 〈하버드비즈니스리뷰〉 편집인 자격으로 종강일 연설을 들었던 캐런 딜론은 모두 내 이야기에 큰 감동을 받았다. 후에 그들은 내게 그날 하버드경영대학원 캠퍼스에 있는 버든 홀 강당에서 받은 느낌을 더 많은 사람들에게 전할 수 있게 도와달라고 부탁했다.

우리 세 사람은 서로 살아온 세대가 다르며, 인생에 영향을 미치는 믿음도 완전히 다르다. 경영대학원을 갓 졸업한 제임스는 무신론자이다. 나는 지금까지 세 번째 직장을 얻는 동안 내

내 두터운 신앙심을 가진 아버지이자 할아버지였다. 어린 두 딸을 키우는 캐런은 20년 동안 편집인으로 일하고 있다. 캐런은 자신의 믿음과 경력이 우리 사이에 교감으로 이어질 것이라고 말한다.

나는 이 책에서 소개하는 이론들을 독자들이 정확히 이해할 수 있도록 최대한 쉽게 설명했다. 이 이론들이 당신 스스로 삶을 관찰하고 개선할 수 있는 능력을 더욱 날카롭게 가다듬어줄 거라고 믿는다. 우리는 일인칭 시점, 즉 내 목소리로 이 책을 썼다. 그렇게 내가 이론들에 대해 제자들과 아이들에게 말하는 식으로 구성했다. 하지만 사실 제임스와 캐런은 이 책의 공저자들이다.

답을 쉽게 찾아줄 거라고 약속하지는 않겠다. 이 책에 소개한 질문들을 해결하기 위해선 많은 노력이 필요하다. 나의 경우, 수십 년이 걸렸다. 그러나 그것은 내 인생에서 가장 가치 있는 노력 중 하나였다. 인생이란 긴 여행 가운데 마침내 '당신의 인생을 어떻게 평가할 것인가?'라는 질문에 확실한 답을 찾는 데 이 책에 소개한 이론들이 큰 도움이 될 거라 확신한다.

차 례

3부
좋은 삶을 위한 중간평가

깃털이 있다고 날 수 있는 건 아니다

지금 당신 옆에는 '어떻게 인생을 살아야 할지', '어떤 직업을 택해야 할지', '어떻게 하면 행복할 수 있는지'에 대해 정성껏 조언하는 이들이 많을 수도 있다. 서점의 자기계발 코너에 들어서면, 더 나은 인생을 살아갈 방법을 알려주겠노라고 장담하는 책들은 또 얼마나 많은가. 하지만 그 모든 내용들이 대부분 엉터리라는 걸 직관적으로 알고 있을 것이다.

그렇다면 그중에서 좋은 책과 나쁜 책을 어떻게 구분할 수 있을까? 무엇이 나에게 도움이 되는 조언이고 무엇이 나에게 해가 되는 조언인지 어떻게 구분할 수 있을까?

'무엇을 생각할 것인가'와 '어떻게 생각할 것인가'의 차이

인생의 도전을 간단히 해결할 수 있는 방법 같은 건 없다. 또한 인생의 행복과 의미를 찾기 위한 노력이 새로운 것도 아니다. 인간은 수천 년 동안 존재 이유를 고민해 왔다.

근대 사상가들이 이 난해한 문제를 해결하는 방식은 가히 새로웠다. 일명 '전문가'로 불리는 이들은 이 문제에 간단한 해결책을 제시한다. 물론 어떤 이들에게는 이 전문가들의 답이 아주 매력적으로 느껴질지도 모르겠다. 전문가들은 어려운 문제, 사람들이 평생 해결하지 못할지도 모를 문제들에 빠른 해결책을 제시하기 때문이다.

그러나 이 책에서는 그와 같은 빠른 해결책을 내놓지 않을 작정이다. 인생의 근본적인 문제는 그렇게 쉽고 빠르게 해결할 수 있는 사안이 아니다. 그 대신 '이론theories'이라는 도구를 제시하겠다. 이 도구는 우리가 각자 처한 환경에 맞는 좋은 선택을 하도록 도와줄 것이다.

나는 1997년에 이런 접근법이 가진 힘에 대해서 배웠다. 내 처녀작인 《혁신기업의 딜레마》가 출간되기 전이었다. 나는 당시 앤디 그로브Andy Grove 인텔 회장으로부터 초대를 받았다. 그는 파괴적 혁신을 주제로 썼던 내 초기 학술 논문에 대한 이야기를 듣고, 내게 산타클라라로 와서 그와 회사 고위 경영진에게 내 연구 결과를 설명하고, 그것이 인텔에게 어떤 의미를 갖는지 알려달라고 부탁했다. 당시 젊었던 나는 떨리는 가슴을 안고 실리

콘밸리로 갔다. 그런데 앤디는 "저런, 급한 일이 생겼습니다. 교수님께 10분밖에 시간을 드릴 수가 없겠네요. 우리가 받아들일 수 있게 교수님의 연구 결과가 인텔에게 어떤 의미가 있는지 말씀해 주시죠"라고 말했다.

나는 이렇게 대답했다.

"앤디, 불가능합니다. 제가 인텔에 대해 아는 게 거의 없거든요. 제가 할 수 있는 일이라고는 먼저 이론을 설명하는 겁니다. 이론에 대한 설명을 들으셔야만 이론이 제시하는 렌즈를 통해 인텔을 바라볼 수 있을 겁니다."

이어 파괴적 혁신 이론을 설명한 도표를 보여주고 서둘러 이론을 설명하기 시작했다. 나는 경쟁사가 대부분의 기존 기업들이 보기에 성능이 떨어지는 저가 제품이나 서비스를 갖고 시장에 진출할 때 시장 교란이 일어난다고 설명했다. 이 새로운 경쟁사는 기술과 사업 모델을 활용해서 고객의 욕구를 충분히 만족시킬 수 있을 때까지 제품과 서비스의 성능을 지속적으로 개선한다고도 말했다. 내가 10분 정도 설명했을 무렵 앤디가 "교수님이 제시한 모델을 이해했으니 그것이 인텔에게 어떤 의미가 있는지 설명해 주세요"라며 초조한 듯 내 말을 끊었다.

나는 "앤디, 아직 그럴 수 없답니다. 이 프로세스의 작동 메커니즘을 시각적으로 그려볼 수 있게 제가 인텔과는 전혀 다른 산업에서 이것이 어떻게 작동하는지를 설명하겠습니다"라고 말했다. 그런 뒤 뉴코어Nucur 등 미니밀들이 일관제철소들을 무너뜨린 철강 산업의 사례를 이야기했다(일관제철소는 제선, 제강, 압연의 세 공정을 모두 갖춘 종합제철소를, 미니밀은 일관제철소보다 생산 능력이 작은 제강 공장을 가리킨다. 미니밀의 등장과 그로 인한 시장 교란은 클레이튼 크리스텐슨 교수의 책 《혁신기업의 딜레마》 4장에 자세히 설명되어 있다—옮긴이). 미니밀들은 콘크리트 보강용 강철봉 같은 로엔드low-end 시장(품질이나 성능은 떨어지더라도 가격이 저렴한 제품을 파는 시장—옮긴이)을 공략하기 시작해서 차근차근 박강판(두께 3밀리미터 미만으로 얇게 압연된 강판—옮긴이)을 파는 하이엔드 시장을 향해 올라간 끝에 결국에는 한 곳을 제외한 모든 전통적인 제강 회사들을 파산으로 몰아넣었다.

미니밀 이야기를 끝냈을 때 앤디는 "알겠습니다. 그러니까 그 이야기가 인텔에게 갖는 의미는…"이라고 운을 떼더니 가격이 싼 셀러론 프로세서 출시를 위해서 로엔드 시장을 공략하는 전략이 어떤 효과를 거둘지 앤디 스스로 설명하기 시작했다.

그날 이후로 나는 앤디 그로브와 나눴던 대화를 백만 번쯤 곱씹었다. 내가 마이크로 프로세서 사업에 필요한 내 생각만을 말해 주려고 애썼다면 그는 중간에 말을 끊어버렸을 것이다. 그가 반도체 산업에 대해 나보다 훨씬 더 잘 알고 있기 때문이다.

나는 그에게 생각할 거리를 말하기보다는 생각하는 방법을 가르쳐주었다. 그러자 그는 혼자 힘으로 무슨 일을 해야 할지 생각해 냈고, 현명하고도 대담한 결정을 내릴 수 있었다.

좋은 이론은 변덕을 부리지 않는다

앤디 그로브와의 만남 후, 내가 사람들의 질문에 답하는 방식에 변화가 생겼다. 사람들이 뭔가를 물을 때 직접적으로 대답하는 경우가 드물어진 것이다. 대신 머릿속에 들어 있는 이론을 통해 질문을 먼저 따져본다. 따라서 나는 이론이 말해 주는 A라는 행동을 했을 때, 또한 전혀 다른 B라는 행동을 했을 때 생기는 각각의 결과를 안다. 이후 그 이론이 질문에 어떻게 적용되는지를 사람들에게 설명한다. 그들이 모델의 작동 메커니즘을 이해할 수 있도록 나는 모델의 프로세스가 그들이 처한 것과 다른 산업이나 상황에서 어떤 효과를 냈는지 이야기해 준다. 그러고 나면 질문을 던진 사람들은 보통 "아, 알겠습니다"라고 대답한다. 곧이어 그들은 풍부한 자신만의 통찰력으로 자신의 질문에 적절한 답을 찾아낸다.

좋은 이론은 변덕을 부리지 않는다. 특정 기업이나 개인에게만 적용되는 예외적인 경우란 없다. 무슨 일이 일어나는지, 왜 그런 일이 일어나는지를 설명해 주는 보편적인 진술이 바로 좋은 이론이다.

앤디 그로브와의 만남 이후 1년쯤 지나서 윌리엄 코언William Cohen으로부터 연락을 받았다. 당시 클린턴 정부의 국방장관이었던 그는 내게 《혁신기업의 딜레마》를 읽었다면서 워싱턴으로 와서 자신과 아랫사람들에게 내 연구 결과를 직접 설명해 달라고 부탁했다. 나에게 그 제안은 평생 한 번 있을까 말까 한 기회였다. 코언 장관이 '아랫사람들'이라고 말했을 때 대학생 인턴이나 소위 정도를 상상했다. 그러나 국방부 회의실에 들어가 보니 합참의장이 맨 앞줄에 앉아 있었고, 그 뒷줄에는 육군, 해군, 공군 장군들이, 그 뒷줄에는 차관과 차관보들이 자리 잡고 있었다. 나는 깜짝 놀랐다. 코언 장관도 직속부하들을 같은 방에 모은 건 이번이 처음이라고 했다.

어쨌든 장관은 그저 내게 연구 결과의 프레젠테이션을 부탁했기 때문에 나는 앤디 그로브를 만났을 때 사용한 것과 정확히 똑같은 파워포인트 슬라이드를 켜놓고 파괴적 혁신 이론을 설명하기 시작했다. 내가 미니밀이 로엔드 시장에서 콘크리트 보강용 강철봉을 만드는 일을 필두로 어떻게 전통적인 철강 산업을 파괴했는지를 설명하자, 당시 합참의장으로 있었던 휴 셸턴Hugh Shelton이 내 말을 끊더니 "교수님, 왜 우리가 이 강의에 관심이 있는지를 모르는군요, 그렇죠?"라고 물었다. 그리고 프레젠테이션의 미니밀 차트를 가리켰다.

"시장의 맨 위에 있는 박강판 제품 보이죠? 과거에는 그게 소련이었는데, 지금은 아니죠."

그는 시장의 아래쪽, 콘크리트 보강용 강철봉을 손가락으로 짚으면서 "우리가 사는 세상의 콘크리트 보강용 강철봉은 미군 주둔 지역의 정책 수립 문제와 테러리즘입니다"라고 설명했다. 미니밀이 시장의 아래쪽에서 대규모 일관제철소들을 공격한 뒤 위쪽으로 올라왔듯이, 그는 다소 격앙된 어조로 말했다.

"그런데 우리는 문제의 위쪽 끝, 즉 소련의 옛날 모습에만 전적으로 집중해서 일하고 있답니다."

내가 초청된 이유를 깨닫자 그 방에 모인 우리 모두는 기존 조직 체계를 통해 테러리즘에 맞서는 것과, 완전히 새로운 조직을 만들어 싸우는 것의 차이가 무엇인지를 허심탄회하게 논의할 수 있었다. 후에 합참의장은 버지니아 주 노퍽에 합동전력사령부Joint Forces Command라는 신규 조직의 설립을 추진하기로 결정했다. 10년이 넘는 세월 동안 합동전력사령부는 미군이 전 세계에서 테러리즘과 맞서 싸우기 위한 전략의 개발·활용에 필요한 '변화 연구소' 역할을 했다.

표면적으로 컴퓨터 반도체 시장의 경쟁과 전 세계 테러리즘의 급증이 완전히 다른 문제처럼 보일 수 있다. 그러나 발생 맥락에서만 차이가 있을 뿐 근본적으로 이는 같은 문제이다. 좋은 이론은 우리가 문제를 범주화하고 설명할 수 있게 도와준다. 아울러 무엇보다 중요한 점은 '예측'할 수 있게 도와준다는 것이다.

사람들은 미래를 예측하는 최선의 방법이 오직 결정을 내리기 전에 최대한 많은 정보를 수집하는 것이라고 생각하곤 한다. 그러나 그건 백미러만 보고 자동차를 운전하는 것과 같다. 우리는 과거에 대한 정보만 구할 수 있을 뿐이다.

경험과 정보가 좋은 선생 노릇을 할 수도 있겠지만 실제 인생에선 어떤 일에 대해 쉽게 배울 수 없을 때가 더 많다. 어느 누구도 좋은 배우자가 되는 법을 배우기 위해서 여러 번 결혼하고 싶지는 않을 것이다. 혹은 막내아이가 어른으로 성장해서 부모 역할을 완벽히 수행할 때까지 기다리고 싶지 않을 것이다. 이것이 이론이 그토록 중요할 수 있는 이유이다. 이론은 우리가 경험하기 전에 앞으로 일어날 일을 설명한다.

예를 들어 인류의 비행 도전 역사를 생각해 보자. 초기 연구자들은 '비행 능력'과 '깃털' 그리고 '날개를 가진 것' 사이의 강력한 상관관계에 주목했다. 날개를 달고 날아보려는 사람들에 얽힌 많은 이야기들은 지금으로부터 수백 년 전으로 거슬러 올라간다. 사람들은 새들을 날 수 있게 해준다고 믿은 날개와 깃털을 복제했다. 날개와 깃털이 있는 상태와 하늘을 나는 능력은 서로 긴밀한 상관관계를 갖고 있었지만 날개를 달고 대성당 꼭대기에서 뛰어내리며 열심히 파닥거리던 인간의 날갯짓은 완전히 실패였다. 가장 성공적으로 하늘을 나는 '최상의 방식'이라고 믿었던 것을 실현하고자 했으나 실패한 것이다. 깃털과 날개는 비행과 관계가 있었지만 비행 희망자들은 특정 피조물을 날게 만들어준 (실제로 뭔가가 일어나게 하는) 근본적인 인과관계 메커니즘을 이해하지는 못했다.

인간의 비행 역사에서 문제를 해결한 실질적인 돌파구는 더 나은 날개를 만들거나 더 많은 깃털을 써서 만들어진 게 아니었다. 그 돌파구는 네덜란드 출신의 스위스 수학자인 다니엘 베르누이Daniel Bernoulli가 쓴 책 《유체역학*Hydrodynamica*》으로부터 나왔다. 베르누이는 1738년에 훗날 '베르누이의 원리'(유체의 속력이 증가하면 압력이 감소한다는 에너지 보존 법칙의 결과—옮긴이)로 알려진 이론을 만들었는데, 이 원리(이론)를 비행에 적용해서 비행의 개념을 설명할 수 있었다. 우리는 상관관계(날개와 깃털)에서 인과관계(비행)로 이동했다. 근대의 비행은 이 이론의 개발과 적용이 직접적인 영향을 미쳤다고 볼 수 있다.

그러나 이런 획기적인 이해조차도 비행을 완벽히 '신뢰할 수 있게' 하기에는 충분치 않았다. 하늘을 나는 시도를 했던 비행기가 추락했을 때 당시 연구자들은 '실패하게 된 원인은 무엇이었을까? 바람? 안개? 비행기 각도?'라는 질문을 던져야 했다. 연구자들은 이어 비행기들이 저마다 다른 비행 환경 속에서 추락하지 않기 위해 지켜야 할 여러 가지 조건이나 규칙을 정의할 수 있었다. 이는 좋은 이론의 전형적 특징이다. '만일 ~이라면'이 들어간 문장으로 조언하기 때문이다.

우리 인생에서 이론이 갖는 힘

이론이 인생에서 행복을 찾는 문제와 어떻게 관련이 있는 걸까? 본래 이런 질문에 대한 간결한 대답은 날개와 깃털을 다는 것처럼 믿기 힘들 정도로 매혹적이다. 그 대답이 수백만 달러를 벌 수 있는 확실한 방법을 알려주겠다고 떠벌리는 저자들이 말했건, '행복한 결혼 생활을 위해 해야 할 네 가지 일'에서 나왔건 간에 부디 효과적이기를 바란다.

그러나 대중적으로 인기를 끄는 생각 중에 개인의 일화를 나열하는 것 이상의 의미를 가진 건 별로 없다. 우리가 인생의 도전을 해결하기 위해서는 도전의 인과관계를 깊이 이해해야만 한다. 이 책에서 논의하고자 하는 이론들은 반드시 그 이해를 도와줄 것이다.

이 이론들은 광범위한 환경 속에서 벌어지는 행동을 설명하듯이 광범위한 범위의 질문에도 적용된다. 다만 복잡한 문제의 경우에는 문제 해결에 도움이 되는 유일한 한 가지 이론을 찾아낸다는 게 간단치가 않다. 이때는 통찰을 제시하는 여러 이론들이 있을 수 있다. 예를 들어, 베르누이의 원리가 상당히 획기적이긴 했지만 비행의 원리를 충분히 설명하기 위해서는 중력과 저항의 이해처럼 다른 연구도 필요했다.

이 책은 각 장마다 특정한 도전에 적용될 수 있는 이론을 설명한다. 그러나 비행의 원리처럼 우리 인생의 문제들이 항상 이론과 일대일로 깔끔하게 맞아떨어지는 건 아니다. 내가 이후 나올 장들에서 도전과 이론을 짝짓는 방식은 제자들과 내가 강의실에서 했던 방식과 같다.

당신도 이 책을 읽으면서 내 학생들처럼 앞장에 나왔던 이론들을 되새기면서 다양한 이론의 시각을 통해 문제를 탐구해 보기 바란다.

이런 이론들은 강력한 도구이다. 나는 이 이론들 중 다수를 인생에 적용해 보았다. 그렇지 못한 이론들도 내가 더 젊은 시절 어떤 문제를 갖고 씨름하고 있을 때 적용했다면 좋았을 것이다. 이제 당신은 이론이 없다는 건 지도나 육분의六分儀(각도와 거리를 정확하게 재는 데 쓰이는 광학 기계—옮긴이) 없이 바다를 항해하는 것과 같다는 걸 깨달을 것이다. 우리가 근시안적 사고에서 벗어나지 못한다면 운에 기대어 인생이 흘러가는 대로 행동할 것이다. 좋은 이론은 사람들이 비즈니스에서나 인생 전반에서 좋은 결정을 내리게 도와준다.

당신은 과거 경험 덕분에 알고 있는 일이나 타인에게 일어난 일에 근거해서 인생의 결정을 내리고 싶다는 유혹에 빠질지 모른다. 물론 과거, 과거를 연구한 학자, 그리고 접하게 될지 모르는 문제들을 따져봤던 사람들로부터 가능한 모든 걸 배워야 한다. 그러나 이런 노력이 어떤 정보와 조언을 받아들여야 하는지, 미래로 나아갈 때 무시해야 하는 대상이 무엇인지를 묻는 근본적인 도전을 해결하지는 못한다. 오히려 앞으로 일어날 일을 예측하기 위해 견고한 이론에 기대면 성공 확률이 훨씬 더 높아진다.

이 책에 소개된 이론들은 인간이 벌인 노력(인과관계와 이유)에 대한 깊은 이해를 바탕으로 한다. 하버드경영대학원과 그 외의 몇몇 명문대에서 수행한 연구를 바탕으로 하는 이 이론들은 전 세계 조직들에서 엄격히 검토되고 활용되어 왔으며, 우리가 매일 일상적인 결정을 할 때도 유용할 것이다.

1부

사회생활 속에서 행복 찾기

진정으로 만족감을 얻는 유일한 길은 위대하다고 믿는 일을 하는 것이다. 그리고 위대한 일을 할 수 있는 유일한 길은 자신이 하는 일을 사랑하는 것이다. 아직까지 그런 일을 찾지 못했다면 계속해서 찾아라. 안주하지 말라. 마음속 모든 일들이 그렇듯이 자신이 사랑하는 일을 찾으면 알 것이다.

_ 스티브 잡스, 고인이 된 애플 CEO

어릴 적 어른이 돼서 뭐가 되고 싶냐는 질문을 받았을 때는 우주인, 고고학자, 소방관, 야구선수, 혹은 미국 최초의 여성 대통령 등 뭐든지 될 수 있을 것 같았다. 정말 되기만 하면 행복할 거라고 여겼던 사람들을 갖다댔다. 그런 생각에는 한계가 없었다.

자신에게 정말로 의미 있는 일을 하고 싶다는 목표를 세우고 절대 한눈팔지 않고 목표에 매진하는 사람들이 여럿 있다. 그러나 시간이 갈수록 꿈이 사라지게 그냥 내버려두는 사람도 많다. 우리는 잘못된 판단에 근거해 일자리를 구한 다음에 거기에 그냥 안주한다. 좋아하는 일을 하면서 살 수 있으리라 기대하는 건 비현실적이라는 생각을 받아들이기 시작한다. 이처럼 타협의 길로 접어들면 대부분 되돌아오지 못할 것이다. 직장에서 가장 많은 시간을 보내는 현대인들을 괴롭히는 건 바로 그런 타협이다. 그러나 이런 운명에 체념할 필요는 없다.

나는 대학 졸업 후에 몇 년 동안 직장을 다니다가 학교로 되돌아갔다. 그렇게도 교편을 잡고 훌륭한 젊은 세대를 육성할 수 있다는 걸 깨달았다. 오랫동안 이런 일이 가능할 줄 몰랐다. 지금은 이 일보다 더 하고 싶은 일이 없다.

나는 매일 아침 일어날 때마다 지금 하는 일을 할 수 있어서 얼마나 운이 좋은지를 실감한다. 1장부터는 당신이 바로 그렇게 느낄 수 있는 전략을 세워보겠다.

전략이라는 말이 낯선가? 기본적으로 전략은 성취하고 싶은 것과 성취하는 방법을 말한다. 비즈니스 세계에서 전략은 기업의 우선순위, 향후 기회와 위협에 대응하는 방법, 부족한 자원 할당 방식 등 여러 가지 요인들이 빚어낸 결과물이다. 이런 요인들은 모두 계속해서 합쳐져서 전략을 창조하고 진화시킨다.

그런데 이 문제를 1분 이상 생각해 보지 않아도 우리 모두 이와 같은 전략 수립 과정을 밟고 있다는 걸 깨달을 것이다. 우리에겐 사회생활을 하는 목적이 있다. 그런 목적을 추진하는 도중에 예상하지 못했던 기회와 위협이 생긴다. 그리고 시간, 재능, 에너지 같은 자원을 어떤 식으로 할당할지의 여부에 따라서 우리 인생의 실제 전략이 결정된다. 가끔은 그런 실제 전략이 우리가 의도했던 것을 아주 비슷하게 그린다. 그러나 결국에 가서 우리가 하는 일이 처음 하려고 했던 일과 전혀 다를 수도 있다.

이런 문제를 관리하는 기술은 원래 계획에 없던 모든 걸 그냥 묵살하는 게 아니다. 기대하지 못했던 위협과 기회 중에는 원래 세웠던 계획에 있던 것보다 더 나은 옵션들이 들어 있다. 우리 안에 있는 전략가는 이렇게 더 나은 것들이 무엇인지를 이해한 다음에 더 나은 것을 위해 우리의 자원을 관리해야 한다.

1장부터는 '내가 사회생활에서 어떻게 행복을 찾을 것인가?'라는 질문에 대답하면서 이런 개념들을 최대한 활용하도록 돕고자 한다. 여행의 출발점은 우선순위의 논의이다. 우선순위는 사실상 핵심적인 의사 결정 기준이다. 다시 말해 '사회생활에서 가장 중요한 게 무엇인가?'라는 질문의 답이다. 다만, 사회생활을 하며 가장 중요하다고 생각하는 것이 종종 우리를 정말로 행복하게 하는 것과 조화를 이루지 못한다는 것이 문제다. 더군다나 우리는 너무 늦게 이런 차이를 깨닫는다. 이 같은 실수를 피할 수 있게 도와주고자 나는 사람들에게 정말로 동기를 부여하는 것을 주제로 한 연구 결과를 논의하고 싶다.

이어 정말로 하고 싶은 걸 찾아내려는 계획과 인생에서 생기리라 기대하지 못했던 기회와 도전 사이에 균형을 가장 잘 잡을 수 있는 방법을 정리할 것이다. 어떤 사람들은 항상 향후 5년 동안의 인생 계획을 전부 세워놓고 있어야 한다고 주장할지 모른다. 또 어떤 사람들은 지금까지 일어난 일을 그냥 지켜보는 전략을 추종한 결과 아주 효과적이었다고 말할 것이다. 이 두 가지 접근법에는 시간과 공간이 모두 존재한다. 나는 연구 결과를 바탕으로 신중하게 계획을 세우기에 최적의 환경은 무엇이고, 창발적인 일, 즉 그때그때 상황에 맞게 즉흥적으로 떠올라 예상하지 못했던 일이 일어날 가능성에 대비해야 할 최적의 시기는 언제인지를 설명하겠다.

전략의 마지막 요소는 실행이다. 전략을 실행할 수 있는 유일한 길은 전략에 자원을 투자하는 것이다. 의도가 좋다고 다 되는 건 아니다. 의도에 맞게 시간과 돈과 재능을 투자하지 않는다면 의도하는 전략을 실행하지 못한다. 인생을 살다 보면 시간과 관심을 달라는 요구가 끊이지 않을 것이다. 그런 요구들 중에 무엇에 자원을 투자할지를 어떻게 결정하겠는가? 이때 많은 사람들이 빠지기 쉬운 덫은 가장 큰 소리로 고함을 지르는 사람에게는 시간을, 그리고 가장 빨리 성과가 나타나는 것에는 재능을 할당하는 것이다. 이는 위험한 전략 수립 방법이다.

우선순위, 계획과 기회의 균형, 자원 할당 등의 요인들이 모두 합쳐져서 전략이 만들어진다. 이런 과정은 지속된다.

전략 수립 과정을 이해하고 관리할 수 있다면 당신은 정말로 좋아하는 일에 맞는 올바른 전략 수립을 위해서 최선을 다할 것이다. 어릴 적 꿈이었던 우주인이 되지 못하더라도 말이다.

무엇이 우리를
춤추게 하는가

●●●●●● 우리를 자극하는 게 무엇인지 모르면 행복에 대해 의미 있는 대화를 나누는 게 불가능하다. 우리가 불행한 일에 묶여 있거나 아니면 심지어 불행한 삶을 살고 있다는 걸 깨닫는다면, 그것은 종종 무엇이 우리에게 동기를 부여하는지를 근본적으로 이해하지 못해서 생긴 결과이다.

일터에서의 경험이 가정에 미치는 영향

사회생활 초반, 몇몇 MIT 교수와 같이 CPS 테크놀로지스를 세워 경영하던 중에 나는 우리에게 동기를 부여해 주는 게 뭔지를 깨닫게 되었다.

어느 여름 토요일에 직원 가족들을 위해 연구소 근처 공원으로 회사 소풍을 떠났다. 소풍은 특별히 색다르지는 않았지만 우리 동료들의 인생에 대해 입체적인 시각을 얻을 수 있었던 환영할 만한 기회였다.

직원들이 모두 도착할 때쯤 삼삼오오 모여 있는 사람들 근처로 갔다. 그냥 누가 누구와 같이 있는지 궁금했다. 그러다 다이아나가 남편이랑 두 아이와 놀고 있는 모습을 보았다.

그녀는 회사 연구실에서 분석 화학자로 중요한 역할을 맡고 있었다. 다른 과학자들이 만들거나 작업하는 화합물에 들어간 요소들이 무엇인지 알아내도록 전문화된 장비 사용법을 도와주는 일이었다. 스무 명 정도 되는 팀원들은 다이아나가 하는 테스트의 결과가 나올 때까지 기다리다가 종종 지치기도 했다. 팀원들은 각자 그녀가 자기 것을 최우선순위로 테스트해 주기를 원했다.

팀원들의 바람은 다이아나를 더욱 힘들게 만들었다. 그녀도 모든 사람들을 돕고 싶어 했지만, 신생 기업의 사정상 무한대로 테스트 장비를 구입할 수가 없었기 때문에 들일 수 있는 기계의 수가 제한적이었다. 그리고 다이아나는 하루에 불과 10시간만 일할 수 있었다. 결과적으로 그녀는 온종일 팀원들의 밥그릇 싸움에 시달려야 했다.

그러나 그 순간 내가 본 건 그런 모습이 아니었다. 나는 다이아나와 그녀의 남편이 두 아이와 나누는 사랑에 감명을 받았다. 가족과 함께 행복해하는 그녀를 보면서 인생이라는 거대한 맥락 속에서 그녀를 바라보기 시작했다. 다이아나는 단순히 과학자만이 아니었다. 어머니이자 아내였고, 그녀가 느끼는 기분과 행복과 자존심은 가족에게 중대한 영향을 미쳤다. 아침에 그녀가 출근하면서 가족에게 작별 인사를 할 때 집안 분위기가 어떻게 변할지 생각해 보았다.

이어 다이아나가 회사에서 10시간을 엉망진창으로 보내고 가족의 품으로 돌아갈 때의 모습을 마음속에 그려보았다. 그녀가 무시받고 좌절하고 배신감을 느꼈다면, 사실 회사에서 새로운 걸 배우지 못했을 것이다. 그때 그녀의 직장생활이 저녁에 남편과 어린 자녀들과 나눌 교감에 얼마나 부정적인 영향을 미칠지 눈에 선했다.

다시 빠르게 또 다른 날 저녁을 상상했다. 이번에는 반대로 가정해 보았다. 회사에 남아 더 일하고 싶을 만큼 실험에 몰입한 다이아나는 한편으로는 남편과 아이들과 시간을 보내고 싶다는 간절한 마음으로 퇴근해서 집으로 향했다. 그녀는 그날 많은 것을 배웠고, 가치 있는 일을 해서 긍정적인 평가를 받았으며, 몇몇 과학자들과 회사를 위한 몇 가지 중요 프로젝트의 성공에 핵심적 역할을 했다고 느꼈다. 일과를 마치고 차를 몰고 귀가하는 그녀의 모습을 그려보았다. 그녀의 자존심은 남편과 사랑하는 두 아이와 나눌 교감에 상당한 영향을 미칠 것이다.

이튿날 출근하면서 그녀가 어떤 기분일지도 알 것 같았다. 그녀는 동기와 에너지로 충만하리라.

이것은 중요한 의미를 주는 교훈이었다.

인센티브가 세상을 돌아가게 할까?

그로부터 6년 뒤에 초짜 교수로서 나는 하버드 MBA 1년차 필수 이수 과목인 '기술과 운영관리'를 가르치고 있었다. 그날 한 대형 재료 회사에 관한 사례 연구를 논의하던 중 여학생 한 명이 VIP 고객과 생긴 갈등을 해소하는 방법을 제안했다. 그녀는 그 대형 재료 회사의 핵심 엔지니어인 브루스 스티븐스에게 이번 프로젝트를 맡기는 게 어떻겠냐고 말했다. 브루스는 이미 다른 프로젝트를 진행하고 있었는데도 말이다. 내가 여학생에게 물었다.

"브루스에게 이번 프로젝트 참여를 부탁하는 것 자체는 괜찮아요. 그러나 다른 프로젝트들을 처리하느라 경황이 없는 브루스가 이번 프로젝트를 최우선순위로 삼고 추진하는 건 어렵지 않을까요?"

그러자 학생은 "브루스에게 인센티브를 주면 됩니다"라고 말했다. 나는 "아, 아주 간단한 해결 방법이네요! 학생은 어떤 인센티브를 생각하고 있어요?" 하고 물었다. 그러자 그녀는 "이 프로젝트를 약속한 시간에 끝내면 성과급을 주겠다고 하면 됩니다"라고 답했다. 나는 말했다.

"브루스에게는 다른 프로젝트들과 관련한 다른 책임이 있다는 것이 문제죠. 이 프로젝트를 최우선순위로 삼아서 집중한다면 다른 프로젝트들을 미뤄야 하겠죠. 그럴 경우 학생이라면 어떻게 하겠어요? 브루스가 다른 프로젝트들을 더 열심히 하게 또 다른 경제적 인센티브를 주겠어요?"

나는 사례 연구에서 브루스를 소개한 부분을 보여줬다. 그는 매주 70시간을 일하는 매우 투지가 넘치는 엔지니어였다.

내 설명을 들은 학생이 그렇게 할 거라고 말했을 때 나는 더 심하게 몰아붙였다.

"다른 직원들도 모두 브루스에게 특별히 성과급을 주는 걸 알게 될 겁니다. 그러면 자기들도 브루스와 똑같이 대우해 달라고 요구하지 않을까요? 결과적으로 어떻게 될까요? 다른 직원들에게 일을 맡길 때마다 항상 개인별로 특별 인센티브를 지불하고 싶어질까요?"

나는 이 사례 연구에 나온 회사 엔지니어들은 일반적으로 인센티브를 받지 않아도 매일 아주 열심히 일하고 있다는 사실을 지적했다.

"그들은 모두 맡은 일을 좋아하는 것 같아 보이지 않나요?"

내가 물으니 또 다른 학생이 덧붙여 말했다.

"저는 브루스에게 인센티브를 줄 수 없다고 생각해요. 회사 정책에 어긋납니다. 성과급은 보통 엔지니어가 아니라 사업 단위의 총괄 관리자에게 줘야 합니다. 왜냐하면 총괄 관리자급에서 매출과 비용이 합산되기 때문이죠. 그 아래 직원들은 전체 프로젝트의 일부분만을 맡으니 섣부른 인센티브가 이런 균형을 깨뜨릴 수 있습니다."

그 말에 나는 이렇게 대답했다.

“좋습니다. 학생이 한 말을 정리해 보죠. 이 회사의 많은 고위 임원들은 한때는 엔지니어였습니다. 그때 그들은 일 자체로부터 동기를 부여받은 것처럼 보였습니다. 그들에겐 인센티브가 필요 없었지요. 맞죠? 그런데 어떻게 된 건가요? 임원이 되자 그들은 예전과 달리 열심히 일하기 위해서 경제적 인센티브가 필요한 사람이 된 건가요? 학생이 말하는 게 그겁니까?”

그날 나는 강의실에서 학생들과 토론하면서 내가 사는 세상과 내가 가르치는 학생들이 사는 세상 사이에 점점 괴리가 커지고 있다고 느꼈다. 그들이 사는 세상에서는 인센티브가 세상을 돌아가게 하는 것 같았다. 내가 사는 세상에서 나와 다이아나와 그녀의 동료들은 그저 열심히 일에 매진했다. 우리는 어쩌면 그렇게 다른 각도에서 바라볼 수 있단 말인가?

인센티브와 동기부여의 상관관계

위 질문에 대한 대답은 인센티브와 동기 개념의 상관성을 둘러싼 중대한 시각 차이에서 찾을 수 있다. 두 가지 진영은 이 질문에 대해 서로 다르게 대답한다.

경제학자 마이클 젠슨Michael Jensen과 윌리엄 메클링William Meckling은 1976년에 첫 번째 진영에 속한 사람들이 두고두고 인용하는 논문을 발표했다. 지난 30년 동안 가장 폭넓게 인용된 논문들 중 하나로 평가되는 이 논문은 '대리인 이론agency theory'이란 문제를 집중적으로 다루고 있다. 대리인 이론은 '인센티브 이론incentive theory'이라고도 하는데, 경영진이 늘 주주들에게 가장 이익이 되는 방식으로 행동하지는 않는 이유를 파헤친다.

젠슨과 메클링은 이런 문제가 생기는 근본 원인을 경영진과 주주들이 맺는 계약 관계에서 찾았다. 두 사람은 경영진과 주주들의 이해관계를 서로 조율해야 한다고 주장했다. 그렇게 해서 주가가 오를 때 경영진이 더 높은 보상을 받게 하면 경영진과 주주들이 모두 행복해진다는 것이다. 젠슨과 메클링은 거액의 임금 지불을 특별히 찬성한 건 아니지만 경영진이 특정한 것에 집중하는 이유가 경제적 인센티브에 있다고 생각했다. 실제로 높은 성과를 내고자 하는 욕구는 '인센티브 조정'이라는 명목으로 경영진에게 돌아가는 거액의 보상을 지지하는 근거로 폭넓게 활용되어 왔다.

내 제자들만 이 이론의 신봉자가 된 건 아니다. 많은 경영진이 젠슨과 메클링의 기본 이론을 수용해 왔다. 다른 사람들에게 A라는 일 말고 B라는 일을 하라고 시키면서 그들이 B일을 하게 설득할 때, 돈을 주면 된다고 믿은 것이다. 두 사람의 이론은 쉽고, 평가가 가능하다. 사실상 경영진이 이 이론을 그대로 따르게 하면 그만이다. 심지어 부모조차도 아무 거리낌 없이, 원하는 대로 아이들이 행동하게 동기를 불어넣는 가장 효과적인 방법이 부수적 보상을 제공하는 것이라고 생각할 수 있다. 예를 들어 아이들에게 전 과목 A를 받으라고 독려하게 경제적 보상을 인센티브로 제시할 수 있다.

이론이 제시하는 조언이 신뢰할 만한지 확인하는 최고의 방법 중 하나는 그 이론으로 설명할 수 없는 예외를 찾아보는 것이다. 앞에서 내가 했던 새와 깃털과 비행에 대한 이야기를 기억하는가? 초기 비행사들이 그들의 믿음이나 이론으로 설명할 수 없는 것이 뭔지 따져봤다면 당시 초보적 수준의 비행 분석에서 나온 몇 가지 경고 신호를 봤을지 모른다. 가령 타조는 날개와 깃털을 갖고 있지만 날지 못한다. 박쥐는 날개는 있지만 깃털이 없어도 아주 잘 난다. 그리고 날다람쥐는 날개와 깃털 모두 없지만 그래도 날 수 있다.

인센티브 이론의 문제점은 그 이론으로 설명할 수 없는 강력한 예외들이 존재한다는 것이다. 지구상에서 가장 열심히 일하는 사람 중 일부는 비영리·자선단체들에 소속되어 있다. 어떤 사람들은 극한의 기근과 홍수에 시달리는 재난 지대에서 일한다. 그들은 민간 분야에서 일할 경우 받을 수 있는 것보다 아주 적은 보수를 받는다. 그러나 비영리재단의 경영진이 직원들의 동기부여가 어렵다고 불평하는 걸 듣는 경우는 드물다.

이런 근로자들을 이상주의자라고 폄하할지도 모른다. 그러나 군대도 놀라운 사람들을 끌어모은다. 그들은 조국을 위해 목숨을 바치는 사람들이다. 그들은 금전적 대가를 노리고 그렇게 하는 게 아니다. 사실 그와 정반대이다. 군대에서 하는 일은 최고로 보수가 좋은 일과는 거리가 멀다. 그런데 미국을 포함한 많은 국가에서 군대는 고도로 효율적인 조직으로 간주된다. 게다가 군대에서 일하는 사람 중 다수가 자신이 하는 일로부터 깊은 만족감을 얻는다.

불만족과
만족하지 않는 것 사이

그렇다면 돈이 아닌 무엇 때문에 그들이 그렇게 일하겠다는 동기를 갖게 된 걸까?

인센티브 이론과 180도 다른, '2요인 이론two-factor theory' 혹은 '동기 이론motivation theory'이라고 불리는 다른 이론을 믿는 진영이 있다. 이 이론은 돈으로 사람들을 계속 매수해서 자신이 원하는 걸 상대방도 원하게 만들 수 있다는 걸 인정한다. 그러나 진정한 동기는 사람들이 스스로 '원해서' 일을 하게 만든다는 것이다. 이런 종류의 동기화는 좋을 때나 나쁠 때나 계속 유효하다.

동기 이론이란 주제에 최고의 통찰력을 지닌 권위자 가운데 한 사람인 프레데릭 허즈버그Frederick Herzberg는 〈하버드비즈니스리뷰〉에 이 이론을 집중적으로 다룬 획기적인 논문을 발표했다. 그는 경영학도들을 위해서 논문을 썼지만, 동기와 관련해서 그가 찾아낸 이론은 우리 모두에게 똑같이 적용된다.

허즈버그는 일에 대한 만족감이, 한쪽 끝에서 매우 행복하게 시작한 뒤 계속해서 내려가다가 반대쪽 끝에서 절대적으로 비참한 수준으로 떨어지는 거대한 하나의 지속적 스펙트럼이라는 통상적인 전제가 사실은 우리의 사고방식과 다르다는 걸 지적한다. 만족과 불만은 별도의 독립된 기준이라는, 즉 우리는 일을 좋아하면서 동시에 싫어할 수 있다는 뜻이다.

부연 설명하자면 이렇다. 이 이론은 위생 요인hygiene factor과 동기부여 요인motivation factor이라는 두 가지 상호 다른 종류의 요인을 구분한다.

일에는 한편에선 제대로 작용하지 못했을 때 우리를 실망하게 만드는 요인이 존재한다. 이런 요인이 위생 요인이다. 위생 요인에는 지위, 보상, 고용 안정, 직무 조건, 회사 정책, 감독 관행 등이 속한다. 이를테면 우리는 자신의 목적 달성을 위해 근로자를 마음대로 조종하거나 근로자가 책임지지 않아도 되는 일에 책임을 지게 하는 경영진과 일하지 말아야 한다. 나쁜 위생 요인은 불만을 야기한다. 직장에서 불만을 갖지 않기 위해서는 나쁜 위생 요인을 처리하고 해결해야 한다.

흥미롭게도 허즈버그는 보상이 동기부여 요인이 아닌 위생 요인이라고 주장한다. 성공한 최고재무책임자CFO이자 CPS 테크놀로지스 보상 위원회의 위원장을 맡았던 오웬 로빈Owen Robbins 이사는 예전에 내게 이렇게 조언한 적이 있다.

"보상은 걸리면 죽는 함정입니다. CEO로서 가장 바라는 일은, 게시판에 전 직원의 이름과 임금 목록을 써서 붙였을 때 직원들이 '내가 분명 더 많은 돈을 받으면 좋겠지만, 뭐 전체적으로 이 정도면 공평하네'라고 말하는 소리를 듣는 것입니다. 클레이튼, 사람들은 인센티브나 보상을 제공하면 회사를 쉽게 경영할 수 있다고 여길지 모릅니다. 하지만 자신이 남들보다 더 열심히 일하고 있지만 더 보수가 적다고 느끼는 이가 있다면, 회사에 암을 전염시키는 것과 같습니다."

보상은 위생 요인이다. 그러므로 고쳐야 한다. 그러나 근로자로서 바랄 수 있는 일이라고 해봤자 결국 보상 문제로 다른 직원들이나 회사와 다투지 않는 것이다.

이것은 허즈버그 연구 결과로부터 얻은 중요한 통찰이다. 지금 하는 일에서 위생 요인을 즉시 개선한다고 해서 갑자기 그 일을 좋아하게 되지는 않을 것이다. 기껏해야 그 일을 더 이상 미워하지는 않을 뿐이다. 직무 불만족job dissatisfaction의 반대는 직무 만족job satisfaction이 아니라 오히려 직무 만족의 부재이다. 이 둘은 전혀 같지가 않다. 안전하고 편안한 직무 환경, 경영자와 동료들과의 관계, 가족 부양에 충분한 돈 같은 위생 요인들에 얽힌 문제 해결이 중요하다. 단, 이런 요인들이 없다면 우리는 일에 불만족을 느낄 것이다. 그러나 이런 요인들만으로는 직원들이 일을 좋아하게 만드는 데 아무 도움도 못 된다. 즉 경영진들은 단지 일을 싫어하지 못하게 막을 뿐이다.

우리에게 돈보다 중요한 건

그렇다면 정말로 우리를 깊이 만족시키는 것들, 즉 우리가 우리 일을 좋아하도록 만들어주는 요인은 무엇인가? 이 요인은 허즈버그가 말한 동기부여 요인이다. 도전적인 일, 인정, 책임, 그리고 개인적 성장이 동기부여 요인에 해당된다. 일에 의미 있는 기여를 하고 있다는 느낌은 일 자체의 '본질적intrinsic' 조건에서 나온다. 동기는 외부의 독촉이나 자극보다는 우리 내면과 우리가 하는 일 안에 있는 것과 더 많은 관련이 있다.

인생에서 허즈버그의 동기부여 요인들을 만족시키는 경험을 해봤기를 바란다. 만일 그랬다면 그런 경험과 단순히 위생 요인만을 제공하는 경험 사이의 차이를 알고 있을 것이다. 전자의 경험은 정말로 의미 있고, 흥미롭고 도전적이면서, 전문가로 성장하게 하거나, 더 많은 책임을 맡을 기회를 주는 일을 하라고 강조했을지도 모른다. 그런 경험은 내면에 동기를 부여하고, 지금 하고 있는 일을 좋아하게 만들어준다. 나는 제자들이 그렇게 일을 좋아하는 마음을 갖기 바란다. 일이 좋으면 일하러 가는 게 싫지 않고 즐거울 수 있을 테니까.

허즈버그가 주장한 이론은 내게 진정한 통찰력을 주었다. 그 이론의 렌즈를 통해 나는 제자들이 졸업 후 사회생활을 하면서 했던 선택들의 의미를 꿰뚫어볼 수 있었다. 제자들 가운데 다수가 동기부여 요인들이 만족스러운 일을 했지만, 그렇지 못한 사람들도 꽤 많다. 세상을 자기 발밑에 둘 것 같던 사람들이 왜 성취감을 느끼지 못하는 선택을 한 걸까?

허즈버그의 연구는 이 질문에 답을 찾아준다. 내 동창들 중에도 위생 요인을 주요 기준으로 삼아서 향후 경력을 선택한 사람이 많다. 특히 시기적으로 위생 요인 중 하나인 소득이 가장 중요할 때가 있었다. 왜 그랬을까? 언뜻 봤을 때는 꼭 그렇게 할 수밖에 없었던 이유가 충분했다. 그들은 돈을 벌 수 있는 몇 년 동안의 기회를 포기하고 공부했다. 특히 나처럼 청년 가장으로서 가족을 부양하면서 학비를 마련하기 위해 거액의 대출을 받아본 사람의 경우에는 일이 더 복잡해진다. 졸업하는 순간 거액의 빚을 지게 되기 때문이다.

내 제자들 중에는 애초부터 아주 다른 이유로 경영대학원에 진학한 사람도 많았다. 그들은 입학할 때 본 논술 시험에서, 교육을 발판으로 삼아 세상에서 가장 어려운 사회 문제를 해결하거나 기업인이 되고 자기 사업을 시작하는 꿈을 성취하고 싶다는 바람을 적었다.

나는 제자들과 졸업 후 진로를 고민할 때면 늘 허심탄회하게 묻고 대답한다.

"중요한 일이나 자네가 정말로 좋아하는 일을 하면 어떨까? 여기 온 것도 그런 일을 하고 싶어서 아닌가?"

이렇게 물으면 이런 대답이 돌아온다.

"걱정하지 마세요. 이번 일은 몇 년만 하고 그만둘 겁니다. 빚을 갚고, 경제적으로 넉넉해지면 제 진짜 꿈을 좇을 겁니다."

비합리적인 주장은 아니다. 가족 부양, 부모와 친구들의 기대치 충족, 일부의 경우 주변 사람들과 수준 맞추기 등 살아가며 직면하는 압력들을 감당하기란 쉽지 않다. 내 제자들(그리고 이후로 여러 졸업반 수료자들)의 경우에 이런 압력들은 결국 은행원, 펀드매니저, 컨설턴트, 그 밖에 사회에서 괜찮게 간주되는 직업을 구하는 것으로 이어졌다. 열정적으로 하고 싶어서 그런 일을 선택한 사람도 있다. 그들은 자신이 하는 일을 정말로 좋아했고, 일이 적성에 잘 맞았다. 반면에 학위 따는 데 투자한 만큼 경제적 보상을 얻겠다는 마음으로 그런 직업을 선택한 사람들도 있었다.

그들은 일단 일을 하면서 학자금 대출을 상환했다. 모기지 대출도 갚았다. 식구들도 경제적으로 편안한 생활을 할 수 있게 해줬다. 그러나 어쨌든 몇 년 돈을 벌다가 진짜 열정을 갖고 할 수 있을 일로 되돌아가겠다는 처음 약속은 계속해서 이행이 지연됐다. "1년만 더 이 일을 하고 그렇게 하겠다"라며 미루거나 "내가 지금 하고 있는 이 일 말고 또 다른 어떤 일을 할 수 있을지 모르겠다"라고 말했다. 그동안 소득은 계속 높아졌다.

얼마 안 가 그들 중 몇 명은 사실 지금 하는 일을 후회하기 시작했다고 개인적으로 인정했다. 이제 그 일을 시작한 이유가 잘못됐다는 걸 깨달았다. 설상가상으로, 자신이 옴짝달싹하지 못할 처지에 놓였음을 알았다. 이미 지금 받는 거액의 연봉에 맞춰 생활수준을 높여 놓아서 앞으로 생활수준을 낮춘다는 게 실질적으로 힘들었던 것이다. 처음에는 진정한 동기부여 요인이 아니라 위생 요인 때문에 선택한 일이었지만 그것이 파놓은 함정에 빠져 출구를 찾을 수 없었다.

중요한 건 돈이 직업적 불행의 근본 원인이라는 게 아니다. 실제 그렇지도 않다. 문제는 돈이 다른 모든 것보다 중요한 우선순위가 되면서 생기기 시작한다. 이때 위생 요인은 충족되지만 더 많은 돈을 벌겠다는 욕구는 지속된다. 영업사원과 트레이더처럼 특히 돈을 전문적으로 다루는 일에 종사하는 사람들조차 이런 동기부여 규칙에 취약하다. 이런 직업들에서는 돈이 그저 성공을 평가하는 정확한 잣대로서의 역할을 할 뿐이다. 트레이더는 성공했다고 느끼고, 세상에서 벌어질 일을 예측하고, 그러한 예측에 근거해서 베팅할 때 동기를 부여받는다. 예측이 맞으면 거의 항상 돈을 번다. 수입은 그들이 일을 잘하고 있다는 걸 확인시켜주는 것이자, 그들이 경쟁할 때 사용하는 기준이다. 마찬가지로 영업사원은 고객에게 팔고 있는 제품이나 서비스가 그들의 일상생활에 도움이 된다는 걸 설득시킬 때 성공했다고 느낀다. 여기서도 돈은 성공, 즉 영업 실적과 직접적으로 관련된다. 돈은 그들이 얼마나 일을 잘하고 있는지를 보여주는 지표이다. 우리 중 일부는 돈 말고 다른 것들을 의미 있어 하거나 즐길 수 있다고 생각할지 모르지만, 이론은 모든 사람들에게 똑같은 방식으로 적용된다. 허즈버그의 이론에 따르면, 우리는 엄청난 돈을 벌지 못하더라도 일에서 동기를 부여받으면 그 일을 좋아하게 된다. 일이 좋아지면 계속해서 동기를 부여받는다.

최종 목표보다 과정이 중요하다

사람들에게 동기를 부여하는 것이 무엇인지 제대로 이해하면 사회생활에서뿐만 아니라 사람들이 겪는 모든 다른 종류의 상황에서도 동기부여 요인이 무엇인지 분명히 보인다.

개인적으로 첫째와 둘째 아이에게서 허즈버그 동기 이론의 핵심을 배웠다. 처음 집을 샀을 때 나는 뒷마당에서, 아이들의 장난감 집을 짓기에 최적의 장소를 찾아냈다. 매튜와 앤은 집짓기 놀이를 하기에 가장 적당한 나이여서 우리 가족은 이 프로젝트에 전력을 기울였다.

목재와 지붕널을 고르고, 바닥, 벽면, 지붕 축조 작업을 하면서 우리는 몇 주를 보냈다. 못은 일단 내가 박아놓고 마지막 망치질은 아이들에게 맡겼다. 망치질과 톱질을 할 때면 누구 차례인지를 정하느라 시간이 더 많이 걸렸다. 부모로서 아이들이 자긍심을 느끼는 걸 보는 게 즐거웠다. 아이들은 친구들이 놀러오면 가장 먼저 뒷마당으로 가서 장난감 집 진척 상황을 보여줬다. 내가 퇴근 후 집에 오면 아이들은 "우리가 언제 일을 다시 시작할 수 있느냐"는 질문부터 던졌다.

그런데 장난감 집이 완성된 후에 아이들이 그 안에서 노는 모습을 보기 힘들었다. 아이들에게 진정 동기를 불러일으켰던 건 집을 '소유하는 것'이 아니었다. 그들은 집을 '짓고' 자신들이 집을 짓는 데 많은 기여를 했다는 데 만족을 느낀 것이었다. 나는 집이라는 최종 목표가 중요하다고 생각했지만 결과적으로는 그 목표를 향해 가는 과정이 더 중요했다.

동기부여 요인이 갖는 힘을 대단하게 평가하기란 쉽지 않다. 우리 아이들이 그랬듯, 뭔가를 성취하고 배우고 의미 있는 걸 이루는 과정에 자신이 결정적인 역할을 했다는 느낌 같은 것 말이다. 내가 장난감 집을 순식간에 조립할 수 있는 키트를 살 뻔했다는 생각을 하면 지금도 소름이 끼친다.

좋아하는 일을 찾는다면

동기 이론은 내게 동기부여 요인과 위생 요인의 역할을 알려주었다. 그와 더불어 사람들이 일을 하면서 어떻게 성공하고 행복해지는지에 대해 매우 중요한 통찰을 선사했다. 나는 타인을 배려하기 위해 사회학이나 그와 비슷한 학문을 공부하면 좋겠다고 생각한 적이 있다. 그러다 다이아나가 회사 연구실에서 어떤 일상을 보냈느냐에 따라 집에서 얼마나 다른 상황이 벌어질지 상상했던 일을 떠올리며, 나는 다른 사람들을 도우려면 경영자가 되어야 한다고 결론지었다.

잘만 하면 경영은 가장 고상한 직업에 속한다. 아랫사람들은 매일 8~10시간씩 경영자를 위해 일해야 한다. 경영자는 매일 일과가 끝난 뒤 직원들이 다이아나가 좋았던 날에 느꼈던 것처럼 동기부여 요인으로 가득 채워진 삶을 살고 있다고 여기도록 영향을 줄 수 있다. 동기 이론이 경영자인 내게 적용된다면 나를 위해 일하는 직원들도 동기부여 요인을 갖게 해야 한다. 이것이 내가 얻은 첫 번째 통찰이다.

두 번째 통찰은, 돈의 추구는 기껏해야 일에서 느끼는 좌절감을 완화시켜 줄 뿐이지만, 부자들이 부르는 유혹의 노래는 사회 최고의 엘리트들까지도 혼란에 빠뜨린다는 사실이다. 진정으로 행복을 찾고 싶다면 의미 있는 새로운 것을 배우고 성공하고 더 많은 책임을 질 수 있는 기회를 계속해서 찾아야 한다. '좋아하는 일을 찾으면 평생 단 하루도 일할 필요가 없다'는 옛말이 있다. 일을 정말로 좋아하고 그 일이 의미가 있다고 생각하는 사람들은 매일 출근하면서 분명한 우위에 선다. 그들은 자기 일에 최선의 노력을 다하고, 덕분에 하는 일마다 아주 좋은 결과를 얻는다. 그러면 그들은 다시 좋은 대우를 받는다. 동기부여 요인으로 가득 찬 일은 경제적 보상으로 이어지기도 한다.

그러나 그 반대 경우가 성립할 때도 있다. 다시 말해 동기부여 요인이 없어도 경제적 보상이 뒤따를 수 있다. 놀랍게도 우리는 돈을 벌어주는 것과 행복을 느끼게 하는 것 사이의 차이를 쉽게 알지 못한다. 우리는 여러 다른 일을 하면서 찾을 수 있는 행복을 평가할 때 상관관계와 인과관계를 혼동하지 않도록 주의해야 한다.

그러나 고맙게도 이러한 동기부여 요인들은 직업과 시간과 상관없이 우리가 늘 꾸준히 하는 일의 궤도를 정정할 수 있게 기준이 되는 '진북眞北'의 위치를 알려준다. 어떤 한계를 넘어서면 돈, 지위, 보상, 고용 안정 같은 위생 요인의 개선은 행복의 원인이라기보다는 행복의 부산물에 훨씬 더 가깝다는 것을 항상 명심해야 한다. 그 사실을 깨달으면 우리는 부담 없이 정말로 중요한 것에 집중할 수 있다.

많은 사람들이 가장 저지르기 쉬운 잘못 중 하나는 물질이 우리를 행복하게 해줄 거라고 믿고, 직업적 성공이라는 가시적이고 과시적인 요소들을 충족시키기 위해 지나칠 정도로 그것에 매진하는 것이다. 더 나은 임금, 더 멋진 직함, 더 좋은 사무실, 이런 것들은 결과적으로 친구와 가족이 우리가 직업적으로 '성공했다'는 신호로 간주하는 것들이긴 하다.

그러나 직업의 가시적인 면들에만 집중하는 자신의 모습을 깨닫는 순간에 내 제자들 가운데 몇몇이 그랬듯이 신기루를 좇을 위험이 커진다. 한 번만 더 임금이 인상되면 그보다 더 행복한 일은 없으리라 생각한다면, 그런 바람은 절망적 추구나 다름이 없다.

동기 이론은 지금과는 다른 성격의 질문들을 스스로에게 던져볼 것을 권한다. 이 일이 내게 의미가 있을까? 발전할 기회를 줄까? 이 일을 통해 새로운 것을 배우게 될까? 인정받고 성취할 기회를 얻을 수 있을까? 더 큰 책임을 맡게 될까? 이런 것들은 정말로 우리의 내면에 동기를 부여한다. 일단 올바른 동기를 얻으면, 하는 일에서 가시적으로 측정 가능한 요소들이 갖는 중요성은 줄어들 것이다.

의도적 전략과 우연한 기회를 잘 활용하는가

●●●●● 우리가 무엇으로부터 동기를 부여받는지 이해하는 건 우리가 원하는 걸 성취하러 가는 길에 밟아야 할 중요한 단계이다. 그러나 그걸로 끝난 게 아니다. 자신에게 동기를 주고, 위생 요인을 만족시키는 일을 찾아야 한다. 하지만 자신에게 동기를 주고 위생 요인을 만족시키는 일을 찾는 일은 좀처럼 쉽지 않다. 열망과 목표를 추구하는 것과 예상하지 못했던 기회를 자기에게 유리하게 이용하는 것 사이에 균형을 유지하는 게 중요하다. 전략 수립 과정에서 이 부분을 어떻게 관리하느냐에 따라서 종종 기업의 성공과 실패가 결정된다. 우리 직업도 마찬가지다.

혼다,
우연히 미국을 점령하다

1960년대에 일본 자동차 회사인 혼다Honda 경영진은 미국 오토바이 시장 공략을 결정했다. 이 시장은 역사적으로 할리데이비드슨Harley-Davidson 같은 몇몇 강력한 오토바이 브랜드와 트

라이엄프Triumph 같은 유럽 수입업체들이 지배하고 있었다. 혼다 경영진은 이들 경쟁사 제품에 견줄 오토바이를 제작해서 상대적으로 아주 낮은 가격(당시 일본의 인건비는 매우 저렴했다)에 팔면 분명 유럽인들로부터 오토바이 수입 시장의 10퍼센트는 빼앗아올 수 있다고 믿고 전략을 짰다.

그런데 이 전략은 혼다를 망하게 할 뻔했다. 미국 시장에 진출하고 처음 몇 년 동안에 혼다는 할리에 비해서 부끄러울 정도로 적은 수의 오토바이를 파는 데 그쳤다. 당시 혼다는 가난한 사람이 타는 오토바이 브랜드로 인식됐다. 더군다나 혼다 오토바이는 고속으로 장시간 타면 누유漏油가 발생하는 결함을 드러냈다. 미국에서는 라이더들이 주로 고속으로 장시간 오토바이를 탔으니, 이것은 정말 심각한 문제였다. 미국 내 혼다 딜러들은 그렇게 복잡한 문제를 해결할 능력이 없었다. 결국 혼다는 결함이 있는 오토바이들을 일본으로 수송하기 위해 미국 사업부의 귀중한 자원을 항공료로 써야 했다. 하지만 이런 문제들에도 불구하고 혼다는 원래 전략을 고수했고, 미국 사업부는 사실상 보유 현금을 모두 소진하고 말았다.

사업 초반에 혼다는 미국에서 주력으로 판매한 대형 오토바이 외에 소형 오토바이도 로스앤젤레스에 선적해 놓았다. 슈퍼커브Super Cub라고 알려진 이 소형 오토바이는 당시 일본에서 주로 상점 주인들이 사람, 자동차, 자전거로 붐비는 좁은 도로를 비집고 배달할 때 사용하는 복잡한 도시형 오토바이였다. 미국의 오토바이 마니아들이 좋아하던 대형 오토바이들과는 아주 달랐기에 사실상 아무도 미국 소비자들이 구매할 거라고 예상하지 않았다.

그런데 로스앤젤레스 사업부의 보유 자원이 점점 고갈되자 혼다는 직원들에게 슈퍼 커브를 타고 도시 주변 지역을 돌아다니면서 자잘한 업무를 봐도 좋다고 허락했다.

어느 토요일, 혼다 직원 중 한 사람이 슈퍼 커브를 몰고 먼지를 뒤집어쓰며 로스앤젤레스 서쪽 언덕을 오르락내리락하고 있었다. 그는 이런 운전을 정말로 즐겼다. 구불구불한 언덕을 달리다 보면 대형 오토바이의 판매 전략이 실패하며 느꼈던 좌절감을 풀 수 있었다.

그다음 주말에 그는 언덕 오토바이 운전에 동료들을 초대했다. 그날 언덕에서 혼다 직원들이 즐겁게 오토바이를 운전하는 모습을 본 사람들이 그 '먼지 오토바이'를 어디서 구할 수 있는지 수소문하기 시작했다. 그들은 그 소형 오토바이를 미국 내에서 구할 수 없다는 이야기를 듣자 혼다 직원들에게 일본에서 수입해 달라고 졸랐다.

그런 일이 있고 얼마 뒤, 우편 주문으로 유명한 종합 유통업체인 시어스Sears의 바이어가 슈퍼 커브를 타고 돌아다니는 혼다 직원을 보았다. 그는 그 오토바이를 시어스의 카탈로그로 판매할 수 있는지 물었다. 처음에 혼다 직원들은 시어스 직원이 생각해낸 것에는 관심이 없었다. 그것은 대형 오토바이를 팔겠다는 본래 전략에서 벗어나는 일이었기 때문이다. 그때까지도 혼다의 전략은 들어맞지 않고 있었다. 그러다 그들은 서서히 소형 오토바이 판매가 혼다의 미국 진출이라는 모험을 성공시킬 수 있다는 걸 깨달았다.

혼다의 미국 시장 진출이 그런 식으로 이루어질 거라고는 아무도 상상하지 못했다. 혼다는 할리의 대형 오토바이들과 경쟁할 계획만 세웠다. 그러나 더 나은 기회가 생긴 게 분명했다. 결국 혼다의 경영진은 지금까지 일어난 사태를 파악하고, 소형 오토바이 판매를 공식 전략으로 수용해서 추진해야 한다는 결론에 도달했다. 대형 할리 오토바이 가격의 4분의 1로 책정된 슈퍼 커브는 고전적인 오토바이 고객이 아니라 소위 '오프로드 오토바이족'이라고 불리는 전혀 새로운 집단의 소비자들에게 팔렸다.

나머지는 알려진 대로이다. 그날 언덕에서 슈퍼 커브를 타며 기분을 풀겠다던 한 직원의 우연한 생각이 전통적인 장거리 여행용 오토바이에는 관심이 없었던 수백만 미국 소비자들에게 새로운 오락거리를 만들어주었다.

덕분에 전통적인 오토바이 딜러는 동력 장비와 스포츠용품 판매 매장을 통해 소형 오토바이를 판매하는 전략을 세웠고 큰 성공을 거두었다.

혼다가 미국 내에서 새로운 오토바이 사업을 시작하면서 겪은 일들은 모든 전략이 형성되고 전개되는 과정을 잘 보여준다.

헨리 민츠버그Henry Mintzberg 맥길대학교 교수가 가르쳐준 대로 우리가 취할 수 있는 전략적 선택은 두 가지 매우 다른 출처에서 비롯된다.

첫 번째 출처는 예상되는 기회이다. 눈으로 직접 보고 추진을 결정할 수 있는 기회다. 혼다의 경우, 미국 내 대형 오토바이 시장이 그 기회였다. 이런 예상되는 기회에 집중한 계획을 준비할 때는 '의도적 전략deliberate strategy'을 추구하는 것이다. 두 번째 출처는 전혀 예상하지 못한 곳이다. 일반적으로 우리가 의도적 계획이나 전략을 실행하기 위해 애쓰는 동안에 문제가 발생하며 새로운 기회도 생긴다. 혼다의 경우, 대형 오토바이를 둘러싼 문제와 수리비 등이 예상하지 못했던 문제였으며 동시에 소형 오토바이를 판매할 기회였다.

따라서 예상하지 못한 문제와 기회들은 결과적으로 관심과 자본과 경영진과 종업원의 마음을 얻으려는 의도적 전략과 경쟁한다. 혼다는 원래 계획을 고수할지, 수정할지, 아니면 이후 생길 다른 계획들 중 하나로 완전히 대체할지를 결정해야 했다. 이때 분명한 결정이 내려질 수도 있지만, 예상치 못한 기회를 추구하고 예상치 못한 문제를 해결하기 위해 매일 내리는 무수한 결정으로부터 수정된 전략이 나오기도 한다.

이런 식으로 형성되는 전략을 '창발적 전략emergent strategy'이라고 한다. 로스앤젤레스 지사에서 일하는 혼다 경영진은 일상적 전략 회의에서 그동안의 전략을 완전히 변경하고, 저비용의 슈퍼 커브에 집중하자는 결정을 확실히 내리지 못했다. 그보다 일단 대형 오토바이 판매를 중단한다면 누유 수리비를 충당하는 데 필요한 현금 유출을 막을 수 있다는 걸 깨달았다. 아울러 직원들이 슈퍼 커브의 주문을 조금씩 늘려가자 그때서야 한 명씩 서서히 흑자 성장의 경로에 대해 눈뜨기 시작했다.

혼다 경영진이 새로운 방향을 추구하기로 분명히 결심하자 창발적 전략은 새로운 의도적 전략으로 변했다.

거기서 끝나는 게 아니다. 이후 전략 수립 과정은 계속해서 이런 단계들을 반복적으로 거치며 진화한다.

다시 말해 전략은 최고의 숫자와 분석을 토대로 열리는 고위 경영진 회의에서 결정되는 별개의 사건이 아니다. 전략은 지속적이며, 다양하고, 다루기 힘든 과정이다. 전략을 관리하기란 매우 힘들다. 의도적 전략과 창발적 기회가 제한된 자원을 차지하려고 서로 다투기 때문이다. 반면에 정말로 효과적인 전략을 갖고 있다면, 모든 사람들이 올바른 방향으로 협력해서 일하도록 의도적으로 집중해야 한다. 그러나 동시에 그러한 집중은 사실상 차후에 크게 드러날 수 있는 위험이나 기회를 임의로 무시하게 할 수 있다.

비록 도전적이고 다루기 힘든 과정이지만 대부분의 기업은 그런 과정을 거쳐서 승리 전략을 개발해 왔다. 월마트가 또 다른 훌륭한 사례이다. 많은 사람들은 월마트의 전설적인 창업자인 샘 월튼Sam Walton을 비전 있는 사람으로 생각한다. 그들은 월튼이 소매업 세계에 일대 변화의 바람을 불러일으키기 위해 월마트를 창시했다고 생각한다. 하지만 이것은 사실과 동떨어진 추측일 뿐이다.

본래 월튼은 대도시가 더 큰 매장을 운영하기에 적합하다고 판단하고 멤피스에서 2호 매장을 열 작정이었다. 그러나 그는 멤피스보다 훨씬 작은 마을인 아칸소 주 벤토빌을 선택했다. 두 가지 이유 때문이었다.

들리는 이야기로는 그의 부인이 멤피스로 이사 가지 않겠다고 떼를 썼다고 한다. 또한 월튼은 1호 매장 옆에 2호 매장을 열면 출하와 배달 작업이 훨씬 쉬워지고, 다른 물류 차원의 효율성도 도모할 수 있다는 걸 알았다. 덕분에 궁극적으로 월튼은 작은 마을에서만 대형 매장들을 개점함으로써 다른 할인 소매점들과의 경쟁을 미리 차단하는 똑똑한 전략을 세울 수 있었다. 처음부터 그가 이런 식으로 사업을 구상한 건 아니었다. 그의 전략은 갑작스럽게 생겼다.

내가 진가를 발휘하는 곳을 알 때까지

나는 내 제자들 혹은 함께 연구했던 다른 젊은이들이 향후 5년 동안의 사회생활 계획을 아주 체계적으로 짜놓아야 한다고 여기는 것을 보고 늘 놀란다. 일반적 성취형 인간과 출세지향적 성취형 인간은 이런 계획을 세우도록 자기 자신을 강하게 채찍질하는 경우가 종종 있다. 그들은 이르면 고등학교 때부터 성공하기 위해서는 인생에서 하고 싶은 일에 대한 구체적 비전을 갖고 있어야 한다고 생각한다. 여기에는 나중에 일이 끔찍할 정도로 잘못될 경우에만 이런 비전에서 벗어날 위험을 감수해야 한다는 암묵적인 전제가 있다.

그러나 그런 집중적인 계획 수립은 사실상 특정한 환경에서만 의미가 있을 뿐이다.

우리 인생과 사회생활은 우리가 인식하든 인식하지 못하든 의도적 전략과 갑자기 생기는 예상하지 못한 대체 전략들 사이에서 결정과 포기를 반복하면서 순항하고 있다. 각 전략들은 우리의 실제 전략이 되려고 각기 최고의 정당성을 내세우며 우리 마음과 생각을 얻으려고 경쟁한다. 본래 두 전략 중 어느 하나가 나머지 하나보다 더 낫거나 나쁘지 않다. 전략 선택은 우리가 처한 위치에 따라 달라진다.

전략은 이처럼 두 가지 별개 요인으로 구성되어 있다. 어떤 전략이 가장 좋은지는 각자 처한 환경에 따라 달라진다는 사실을 이해하면, 이제 사회생활을 하면서 계속해서 생기는 선택들을 더 잘 따져보고 구분할 수 있게 된다. 사회생활을 하면서 필수적 위생 요인과 동기부여 요인 모두를 제공하는 배출구를 찾았다면 의도적 전략이 합리적이다. 각자 열망하는 게 분명하며, 현재까지의 경험으로부터 그 열망은 충분히 애써서 추구할 가치가 있다는 걸 알아야 한다. 예상치 못한 기회에 적응해가는 문제를 걱정하기보다는 의도적으로 세운 성취를 위한 최선의 방법에 사고의 틀을 집중해야 한다.

하지만 이런 일을 찾는 수준에까지 이르지 못했다면 진로를 모색하는 신생기업처럼 창발적으로 변신해야 한다. 이것은 인생에서 이런 상황에 처했을 때 실험을 주저하지 말라는 걸 달리 말해 주는 것과 같다. 매 경험으로부터 배우면서 적응하라. 그리고 재빨리 반복하라. 자신이 세운 전략이 효과를 내기 시작할 때까지 이런 과정을 밟아나가라.

사회생활을 하면서 차츰 자신이 좋아하고 자신을 돋보이게 하는 직무 분야를 찾기 시작할 것이다. 이때 동기부여 요인을 최대한 늘리고, 위생 요인을 만족시킬 수 있는 분야를 찾으면 다행이다. 그러나 상아탑에 앉아서 불현듯 정답이 머릿속에서 튀어나올 때까지 문제를 끌어안고 고민만 하고 있으면 그런 경험을 하기 힘들다. 전략은 거의 항상 의도적 기회와 예상하지 못했던 기회가 혼재하는 상황에서 만들어진다. 중요한 건, 자신의 재능, 관심, 우선순위가 진가를 발휘하기 시작하는 곳이 어디인지 알 때까지 계속해서 뭔가를 시도하는 것이다. 자신에게 정말로 잘 맞는 것을 찾았다면 이제는 창발적 전략에서 의도적 전략으로 힘차게 움직일 시간이다.

하버드
교수가 된 사연

당시에는 설명할 수 있는 적절한 이유를 찾지 못했을 수도 있지만 어쨌든 나는 의도적 기회와 창발적 기회 사이에서 헤매다가 결국에는 내가 좋아했던 일을 그만둔 적이 있다. 두 기회 사이에서 중심을 잡기까지 꽤 오랜 시간이 걸렸다.

나는 세 가지 직업을 거쳤다. 첫 번째는 컨설턴트, 두 번째는 기업가와 경영자였고, 지금은 학자이자 교수이다. 대학교 1학년 때 나는 정말로 존경했던 신문인 〈월스트리트저널〉의 편집인이 되겠다고 결심했다. 의도적 전략이었다. 나를 가르쳤던 교수님 가운데 한 분이 내게 글재주가 뛰어나다고 말씀하셨다. 그런데 나는 언론을 전공하기보다 경제학과 경영학을 전공하면 수천 명의 구직자들 중에서 두각을 나타내 더 좋은 기회를 얻을 수 있겠다고 생각했다. 그래서 학부 때 브리검영대학교와 옥스퍼드대학교에서 경제학을 전공했다. 이어 하버드경영대학원에서 MBA 과정을 밟았다.

MBA 프로그램 1년 차를 끝낸 뒤 〈월스트리트저널〉 여름 인턴 자리에 지원했다. 나는 합격 통지서를 받지 못해서 좌절했지만 곧 컨설팅 회사에서 뜻밖의 인턴 자리를 얻었다. 비록 〈월스트리트저널〉은 아니었지만 고객들의 흥미로운 문제를 해결하는 걸 도우면서 많은 걸 배울 수 있었다. 또한 그런 경력을 쌓음으로 〈월스트리트저널〉에 내가 더 매력적으로 보일 수 있을 거라고 기대했다. 그런데 또 다른 컨설팅 회사가 졸업 후 취업을 조건으로 MBA 2년 차 학비를 전액 지원하겠다고 제안해 왔다. 당시 우리 집안은 파산 상태나 다름이 없었기 때문에 나는 그 제안을 받아들였다. 그러면 경영학을 계속 공부할 수 있고, 〈월스트리트저널〉에서 일할 기회를 얻을 수 있겠다고 생각한 것이다. 이는 내 창발적 전략이었다.

〈월스트리트저널〉의 편집인이 되겠다는 내 의도적 계획에는 정확히 들어맞지 않는 일이었지만 나는 내가 하고 있던 컨설팅 업무가 마음에 들었다. 5년 동안 컨설턴트로 일한 뒤 아내 크리스틴과 이야기를 나눴다. 내가 언론인으로서 진짜 경력을 쌓기 시작할 때가 됐다고 말이다.

그런데 그 무렵, 친구가 우리 집을 찾아와 동업을 제안했다. 지난 몇 년 동안 고객들과 함께 해결하느라 애썼던 과제들을 직접 상대하면서 내 사업을 시작한다는 생각만으로도 정말 흥분됐다. 나는 기뻐서 팔짝팔짝 뛰었다. 게다가 〈월스트리트저널〉 편집인들에게 사실 내가 회사를 세워서 경영해 본 적이 있다고 말한다면 편집인이 될 확률이 높아질지도 몰랐다.

우리는 블랙 먼데이(1987년 10월 19일 월요일 뉴욕증권시장에서 일어났던 주가 대폭락 사건–옮긴이) 직전인 1987년 중반에 회사를 상장시켰다. 한편으론 운이 좋았다. 주식 시장이 붕괴되기 전에 자본을 조달할 수 있었으니까. 그러나 다른 관점에서 봤을 때 우리 회사의 상장 시기는 끔찍했다. 회사 주가는 단 하루 동안에 10달러에서 2달러로 폭락했다. 시가총액도 너무 낮아져서, 우리 회사에 투자하려는 대형 기관이 한 곳도 없었다. 우리는 성장 계획에 필요한 자금을 마련하기 위해 또 한 차례 투자를 유치할 계획을 세워놓은 상태였다. 그러나 투자 유치에 실패하자 회사는 취약해졌다. 초기 투자자들 중 한 명이 다른 벤처 자본가들에게 보유 주식을 매각했는데, 이 물량을 인수한 벤처 자본가가 우리의 미래를 좌지우지할 수 있을 만큼 많은 지분을 확보하게 되었다. 그는 내 자리에 자기 회사 CEO를 데려다 놓았고, 나는 해고됐다.

해고 당시에는 몰랐지만, 이것은 내 창발적 전략의 3단계에 해당했다.

해고되기 몇 달 전에 하버드경영대학원의 원로 교수님 몇 분과 또 다른 가능성에 대해서 이야기를 나눈 적이 있었다. 내가 교수가 될 자격이 있는지 여부에 대한 이야기였다. 두 교수님 모두 내 잠재력을 높이 평가하셨다. 나는 인생의 갈림길에 선 셈이었다.

마침내 〈월스트리트저널〉의 편집인이 되겠다는 의도적 전략을 추구해야 할 때가 된 걸까, 아니면 전략을 수정하고 학계로 진출해야 하는가? 이 문제에 관해 다른 두 분의 교수님을 만나 이야기를 나눴다. 그리고 일자리를 잃었던 그 주 일요일 저녁에 교수님들 중 한 분이 연락하셔서 이튿날 올 수 있는지를 물으셨다. 교수님은 학기가 이미 시작됐지만 내게 하버드경영대학원에서 공부할 수 있는, 정말 이례적인 기회를 주기로 결정했다고 말씀하셨다. 해고된 지 일주일도 안 돼 나이 37세에 나는 또다시 학생이 되었다. 창발적 전략이 다시 한번 내 의도적인 길을 가로막았다.

박사학위를 받고 교수가 됐을 때 나는 종신 재직권을 따야겠다고 강하게 느꼈다. 당시 창발적인 문을 통해 학계가 내 인생으로 들어왔지만, 나는 이 새로운 길을 내 의도적 전략으로 만들어야 한다고 머리와 가슴으로 생각했다. 이 분야에서 성공하기 위해서는 정말로 이 일에 집중해야 한다는 걸 깨달았다. 그래서 가르치는 일에 집중하기로 결정했다.

이제 학계에 몸담은 지 20년이 지났다. 지금 나는 여전히 마침내 내가 〈월스트리트저널〉 편집인이 되기 위해 노력할 때가 된 건 아닌지 궁금하다. 학계는 내 의도적 전략이 되었으며, 내가 계속해서 지금 하고 있는 일을 즐기는 한 전략에는 변함이 없을 것이다. 그러나 나는 창발적 문제나 기회의 흐름을 막지는 않았다. 내가 30년 전에 학계에서 사회생활을 마감할 거라고 생각하지 못했던 것처럼 바로 코앞에 무슨 일이 생길지 누가 알겠는가?

무엇이 통할지 알아보는 법

기회가 생길 때 그 기회를 받아들여야 한다고 말하기는 쉽다. 그러나 실제로 어떤 전략을 추구해야 하는지를 아는 것은 말하는 것보다 훨씬 어렵다. 현재의 의도적 전략이 계속 추진해야 할 최고의 경로인가, 아니면 새로 생겨나는 다른 전략을 수용할 때가 된 것일까? 열 개의 기회가 동시에 등장한다면 어떻게 될까? 아니면 다가온 기회가 마음에 드는 것인지 알아보는 데만 해도 거액을 투자해야 한다면 어떻게 될까? 의사라는 직업이 적성에 맞는지 알아보려고 의과대학을 졸업하고 싶지는 않을 것이다. 그렇다면 내게 적합한 최고의 기회가 무엇인지 알아보기 위해 무슨 일을 할 수 있을까?

의도적 전략이나 새로운 창발적 전략이 성과를 거둘지 알아보는 데 유용한 도구가 존재한다. 그러한 도구는 전략이 성공하기 위해 어떤 전제들이 사실로 판명되어야 하는지를 분명히 밝혀준다. 이 과정을 만든 학자인 이안 맥밀런Ian MacMillan과 리타 맥그래스Rita McGrath는 이를 '발견지향기획Discovery-Driven Planning'이라고 불렀는데, 쉽게 이해하려면 '전략이 효과를 보게 만들려면 무엇이 사실로 판명되어야 하는가'라는 질문으로 바꾸어보면 된다.

듣기에는 별것 아닌 듯하지만, 이런 질문을 던지면서 새로운 기회를 추구할지 여부를 고민하는 기업은 드물다. 그보다는 종종 속임수에 빠져 처음부터 실패하고 만다. 그들은 초기 예측만을 믿고 투자를 밀어붙이는 결정을 내린다. 초기 예측이 맞는지 여부를 제대로 검증하지 않기에, 충분히 생각하고 선택하고 검증하기보다는 실제로 벌어지는 일에 맞춰서 예측과 전제를 수정하면서 이미 어딘가에 와 있는 경우가 많다.

이런 잘못된 과정이 일반적으로 어떻게 진행되는지를 보면 다음과 같다.

직원 한 명이나 몇몇 직원이 모인 집단이 신규 프로젝트나 서비스에 맞는 혁신적 생각을 찾아낸다. 그들은 새롭게 찾아낸 생각에 흥분하고, 동료들도 그렇게 느끼기를 바란다. 그러나 고위 경영진에게 이 생각이 가진 잠재력에 대한 확신을 심어주기 위해선 사업 계획을 준비해야 한다. 그들은 경영진이 프로젝트를 승인하기 위해서는 숫자가 좋아 보여야 한다는 걸 아주 잘 알고 있다. 하지만 이 생각에 대한 고객들의 반응이 어떨지, 실제 비용이 얼마나 들지 등에 대해서는 제대로 모르는 경우가 종종 있다. 그래서 그들은 추측한다. 즉 가정한다. 보통 계획 수립자들은 그들의 추측을 수정하기 위해서 처음부터 밑그림을 수정하기도 한다. 그러나 그들이 새로운 정보를 얻어서 그렇게 하는 법은 드물다. 혁신가와 중간 관리자들은 투자금을 얻기 위해선 제안서에 들어가 있는 숫자가 얼마나 좋아 보여야 하는지를 알고 있기 때문에, 제안서 통과를 위해 처음으로 돌아가서 본래 했던 추측을 수정한다.

이런 과정을 거쳐 그들이 경영진에게 확신을 충분히 심어줬다면, 프로젝트 추진에 파란불이 들어온다. 일단 프로젝트가 시작된 후에야 비로소 그들은 금융 계획에 집어넣었던 가정들 중에 어떤 것이 옳고, 어떤 것이 그른지를 배운다.

문제를 간파했는가? 어떤 전제가 옳고, 어떤 전제가 그른지를 배울 무렵에는 이미 어떤 조치를 취하기에 너무 늦은 때다. 거의 모든 프로젝트 실패 사례에는 예측과 결정의 토대가 된 한 가지 이상의 중대한 전제에 잘못이 있었다. 그러나 기업은 그런 생각과 계획에 따라 이미 한참 프로젝트를 진행할 때까지 잘못을 깨닫지 못했다. 돈, 시간, 에너지가 이미 프로젝트에 투입됐다. 기업은 100퍼센트 프로젝트에 전념했고, 프로젝트가 효과를 드러내도록 애쓰고 있다. 누구도 경영진에게 가서 "우리가 만든 전제들을 기억하십니까? 그들이 결과적으로 그렇게 정확하지는 않은 것으로 드러났습니다"라고 말하고 싶어 하지 않는다. 결국 어떤 프로젝트가 가장 실현 가능성이 높은지 여부보다는 잘못된 추측을 기반으로 하여 프로젝트가 승인된 셈이다.

예를 들어보자. 디즈니는 서던 캘리포니아와 플로리다와 도쿄에 테마파크를 만들어 성공을 거두었다. 그러나 파리 외곽에 세운 네 번째 테마파크는 장기간 고전했다. 개장 후 첫 2년 동안에 약 5억 달러의 적자를 냈다. 어떻게 앞서 세 번에 걸쳐 엄청난 성공을 거둔 디즈니가 그토록 실패할 수 있었을까?

나중에 밝혀진 사실이지만 파리 테마파크의 초기 계획은 전체 예상 방문객 숫자와 그들이 머무는 시간에 대한 가정을 토대로 세워졌다. 이 예측은 계획된 테마파크 주위 동심원 내 인구 밀도, 날씨 패턴, 소득 수준 그리고 기타 요인들을 바탕으로 한 것이었다. 이 계획은 매년 1,100만 명이 테마파크를 방문할 것으로 예상했다. 그런데 다른 테마파크들에서는 방문객들이 평균 사흘 동안 머물렀다. 따라서 기존 모델에 따라서 1,100만 명이 사흘 동안 머문다고 가정하면, 매년 3,300만 명이 방문한다는 계산이 나왔다. 디즈니는 그 숫자를 감당할 수 있는 호텔과 인프라를 건설했다.

결과적으로 디즈니랜드 파리의 첫해 방문객 숫자는 약 1,100만 명이었다. 그러나 다른 테마파크 방문객의 평균 체류 기간이 사흘이었던 것과 달리 이곳 테마파크 방문객들은 평균 하루 체류하는 데 그쳤다.

왜 이런 결과가 나온 것일까?

디즈니는 다른 테마파크들에 마흔다섯 가지 놀이기구를 만들었다. 사람들은 사흘 동안 머물면서 이 많은 놀이기구들을 행복하게 즐겼다. 그러나 디즈니랜드 파리는 불과 열다섯 가지 놀이기구만을 설치한 채 개장했다. 따라서 하루면 이 놀이기구들을 모두 탈 수 있었다.

조직 내 누군가가 무의식적으로 디즈니랜드 파리의 규모가 다른 모든 테마파크들과 똑같다고 가정한 것이다. 이 가정은 이어 숫자로 환산됐다. 경영진은 "이 예측이 맞으려면 사실로 입증되어야 할 가장 중요한 가정들은 무엇이고, 우리가 그 가정들이 맞는지 어떻게 확인할 수 있을까?"라고 물어보는 법조차 몰랐다. 만일 그렇게 할 수만 있었다면 계획을 수립한 초기 단계에 놀이기구가 열다섯 가지밖에 없어도 사람들이 테마파크에 사흘 동안 머물 것인지 아무도 장담할 수 없다는 걸 깨달았을지 모른다. 디즈니는 그 대신에 끔찍한 출발이 낳은 결과를 회복하느라 허둥지둥했다.

무엇이 통하고 통하지 않을지를 알아보는 훨씬 더 좋은 방법이 있다. 이 방법은 새로운 프로젝트 계획을 수립할 때 포함된 일반적 단계들의 순서를 다시 정하는 것이다.

전망이 좋은 새로운 생각이 등장한다면 물론 그에 따른 경제적 예측이 나와야 한다. 이때 지금 단계에서는 이것이 사실상 정확하지 않은 대략적인 예측에 불과하다는 걸 인정해야 한다. 경영진에게 승인을 받으려면 숫자가 좋아 보여야 한다는 걸 모르는 사람은 없다. 하지만 이런 이유로 최대한 숫자가 강력해 보이도록 일부러 조작하는 걸 암묵적으로 장려하는 분위기가 조장되지 않게 막아야 한다.

혹시 경영자의 입장이라면 프로젝트 팀에게 그런 초기 예측을 할 때 가정한 모든 것을 목록으로 정리해서 보여달라고 요구하라. 그런 다음에 그들에게 "이 숫자들이 실현될 것이란 현실적 기대를 하기 위해서 이 가정들 중에 어떤 것이 사실로 입증되어야 합니까?"라고 물어라. 목록으로 정리된 가정들은 중요도와

모호함에 따라 순서가 매겨져야 한다. 목록은 가장 중요하면서도 가장 확실하지 않은 것부터 시작해서 가장 덜 중요하면서도 가장 확실한 것으로 내려가야 한다.

모든 기본적 가정들의 상대적 중요성을 이해하고 나서야 팀의 계획을 승인해야 한다. 단, 대부분의 기업들이 하는 방식을 그대로 답습해서는 안 된다. 그보다는 가장 중요한 가정의 정당성을 검증할 수 있는 방법을 찾아라. 팀들이 빨리, 그리고 최소한의 비용을 갖고 가장 중요한 가정들을 입증하거나 무효화할 수 있게 만들어라.

일단 초기 중요한 가정들이 사실로 판명될 가능성이 있는지 여부를 이해하고 나면, 기업은 투자 여부에 대해 훨씬 더 합리적인 결정을 내릴 수 있다.

이런 접근법을 취해야 하는 논리는 확실하다. 모든 사람들이 엄청난 숫자를 성취하기 바란다. 하지만 프로젝트 팀들에게 '어떤 가정들이 사실로 판명돼야 하나?'라는 질문은 전략이 예상에서 지나치게 벗어나지 않게 막아주는 간단한 방법이다. 그것은 프로젝트 팀들이 숫자를 실현하기 위해서 진정으로 중요한 것에 집중하게 만든다. 적절한 질문을 던지면 일반적으로 대답을 얻기 쉽다.

그 일을 맡기 전에 해야 할 것

이러한 유형의 계획 수립은 개인적으로 취업 기회를 검토하는 데도 도움을 줄 수 있다. 우리는 모두 사회생활에서 성공하고 행복해지기를 바란다. 그러나 우리가 했던 선택들이 바라던 것만큼 효과가 없다는 걸 깨닫기 전까지는 지나치게 무리하기 쉽다. 이런 도구가 그런 함정에 빠지지 않게 도와줄 것이다.

일자리를 얻기 전에 개인적으로 하고 싶은 일을 성공적으로 하기 위해 다른 사람들이 하거나 전달해야 할 것이 무엇인지 신중하게 목록을 만들라. 그리고 '내가 이 일에서 성공하기 위해서 사실로 판명돼야 할 가정들이 무엇인가?' 자문하라. 그 후 이 가정들을 목록으로 정리하라. 가정들이 자신의 통제 범위 내에 있는가?

이에 못지않게 중요한 건, 행복을 기대하는 선택을 하기 위해 어떤 가정들이 사실로 판명돼야 하는지를 자문해야 한다는 것이다. 동기부여 요인들 중에서 어떤 것을 중시하는 입장인가? 그 일을 즐기면서 할 수 있다고 생각하는 이유는 무엇인가? 당신이 갖고 있는 증거는 무엇인가? 이직을 검토할 때마다 사실로 판명돼야 할 가장 중요한 가정들과 그 가정들의 진위 여부를 신속하고 저렴하게 검증할 수 있는 방법을 계속 생각하라. 자신의 앞에 놓인 길에 대해서는 반드시 현실적이 되어야 한다.

가정 검증의 중요성

안타깝게도 내 제자였던 한 학생은 이 도구를 사용하지 못해 결국 실망스러운 일자리를 얻고 말았다. 그 학생이 벤처 자본회사에 취직했을 때 회사는 국가 성장 프로젝트 개발에 회사 자본의 20퍼센트를 투자할 작정이라고 말했다. 그녀로서는 듣고 싶었던 말이었기에 일자리 제안을 받아들였다. 그녀는 하버드경영대학원에 들어오기 전에 아시아에 있는 인도주의 조직에서 몇 년 일했으며, 졸업 후에는 신생 경제국가들에서 새로운 성장 회사들을 세우기 위해 더 큰 기회를 물색 중이었다.

그러나 처음 약속과 달리 회사는 투자할 의지나 자본을 갖고 있지 않는 것으로 드러났다. 새로운 일을 맡을 때마다 그녀는 개발도상국가에 투자하기를 기대했지만, 회사는 기대를 충족시키지 못했다. 개발도상국과 계속 일하겠다는 결심을 하고 아시아에서 돌아왔건만, 그녀가 맡은 일은 계속해서 미국에 집중하는 것이었다. 결국 그녀는 고용주에게 반감을 가졌고, 회사와 경영진이 인생의 전성기에 있던 그녀의 시간과 재능을 착취하고 있다고 느꼈다. 그녀는 결국 회사를 떠나서 원점에서 다시 출발해야 했다.

그녀가 일자리를 평가하는 데 '무엇이 사실로 판명돼야 하는가?'라는 렌즈를 사용했다면 어떻게 되었을까? 일자리를 구하기 전에 이미 그녀는 개발도상국 세계에 성공적으로 진출한 다른 회사들의 특징을 살펴보는 일부터 시작해야 했다. 예를 들어 개발도상국에 집중하는 기업은 일반적으로 그곳 투자와 관련된 자본을 갖고 있다. 그들에겐 투자를 전문으로 하는 파트너도 있다. 그들의 투자자들은 일부 개발도상국 세계에서 회사가 벌인 사업 때문에 그 회사에 매료된다. 정직원으로 일하기에 앞서 인턴 생활을 시작했을 수도 있다.

그녀가 이런 식으로 가정들을 정리해서 검증할 수 있는 방법을 찾았다면, 그녀를 채용한 회사가 개발도상국에 투자할 의사는 있었더라도 실제로 그렇게 할 가능성이 매우 낮았다는 걸 알아챘을 것이다.

마찬가지로 내가 대학원 졸업 후에 일자리를 선택할 때에도 이 질문은 컨설팅, 기업계, 혹은 학계 등과 상관없이 내 앞에 나타난 기회가 성공하면서 스스로 즐길 수 있는 기회가 되려면 무엇이 사실로 판명되어야 했는지를 생각해 보도록 하는 위대한 도구였을 것이다.

뒤돌아보면 나는 의도적 전략을 밀고 당기고, 예상하지 못한 기회를 받아들이면서 내 인생의 여행을 순항할 수 있었다. 당신도 그럴 수 있기를 바란다. 그렇다고 해서 내가 지금까지 걸어온 길이 세련되고 완벽한 길이었다고 선언하는 건 아니다. 지금도 여전히 내 앞에는 예상하지 못한 흥미로운 기회가 널려 있을 수 있다.

그걸 누가 알겠는가? 〈월스트리트저널〉이 어느 날 내게 일자리를 주겠다고 연락해 올지도 모른다.

무엇보다 무슨 일을 하고 싶은지 이해하고 사회에 진출하기를 바란다. 그러나 내가 겪은 경험을 토대로 말하자면 당신이 그런 일을 할 수 있는 적절한 기회를 찾기가 힘들 수도 있다.

기업의 전략 개발 방식을 통해서 보면, 처음부터 올바른 전략을 짜기는 어렵지만 전략이 좋아야만 성공하는 건 아님을 알 수 있다. 그보다 효과적인 접근법을 찾아낼 때까지 실험을 계속하는 게 중요하다. 운이 좋은 몇몇 기업만이 궁극적으로 성공에 이르는 전략을 갖고 출발할 뿐이다.

창발적 전략과 의도적 전략이란 개념을 이해한다면, 사회생활에 정말로 유용한 어떤 일을 찾지 못했을 때, 인생이 어떻게 전개될지에 대한 분명한 비전을 갖게 되리라 기대하는 건 단지 시간 낭비일 뿐임을 깨달을 것이다. 더군다나 그런 기대는 사실상 예상하지 못한 기회에 마음의 문을 닫는 것일지도 모른다. 자신에게 적합한 일이 무엇인지 고민하는 동안에 인생의 문을 활짝 열어둬야 한다. 각자 처한 특별한 환경에 따라서 위생 요인을 만족시키고, 동기부여 요인을 제공하는 것이 무엇인지 찾을 때까지 다양한 기회를 실험하고, 방향을 선회하고, 전략을 수정하는 노력을 계속할 준비를 해야 한다. 그때라야 비로소 의도적 전략이 통한다는 것을, 올바른 의도적 전략을 찾은 순간 깨달을 것이다.

이런 전반적인 과정에 대해 솔직해져야 한다. 변화가 본래 힘들 수도 있고, 알고 있는 걸 그냥 고수하는 게 더 쉬워 보일 수도 있다. 그러나 그런 사고방식은 위험할 수 있다. 근본적 문제를 해결하지 않고 해결을 뒤로 미룬다면 몇 년 뒤 어느 날 갑자기 거울 속에 비친 자신의 모습을 보면서 '내 인생이 왜 이렇게 된 거지?'라고 자문하게 될 것이다.

나의 자원을 어디에 집중할 것인가

●●●●●● 인생에 필요한 전략을 수립하고, 동기를 이해하고, 열망하는 것과 예상하지 못한 기회 사이의 균형을 잡는 문제에 대해 우리는 각자 원하는 것이 있을 수 있다. 그러나 궁극적으로 원하는 것들과 자신이 갖고 있는 시간과 돈과 에너지의 실제 사용처가 조화를 이루지 않을 경우, 내뱉은 말은 아무 소용이 없게 된다.

한마디로, 자원 할당 방법은 정말로 중요하다.

기업에서나 우리 인생에서나 실제 전략은 모두 우리가 자원 투자처에 대해 일상적으로 내리는 수백 가지 결정을 통해서 수립된다. 매일매일 인생을 살아가면서 자신이 올바른 방향으로 나아가고 있다는 걸 어떻게 확신하는가?

자신의 자원 흐름처를 살펴보라. 자원이 당신이 결정한 전략을 뒷받침해 주지 않는다면 그 전략을 전혀 실행하지 못하고 있는 것이다.

CEO의 말이 직원에게 통하지 않은 이유

10여 년 전 건강관리 분야의 커다란 변화를 이끌어낼 잠재력을 품고 있는 '휴대용 초음파 진단장치' 제조사 소노사이트SonoSite가 설립됐다. 이 소형 기계가 출시되기 전까지는 대부분의 가정의家庭醫와 간호사들이 사람의 청각과 촉각을 이용해서 피부 밑에 있는 문제를 진단할 수밖에 없었다. 그래서 결과적으로 문제들이 더 불거지기 전에 제대로 진단을 내릴 수 없었다. 약 20년간 초음파나 CT 스캔이나 MRI 기계를 통해서 환자의 몸속을 들여다볼 수 있는 기술이 존재했지만, 이런 장비는 덩치도 크고 가격도 비쌌다. 그러나 소노사이트가 개발한 휴대용 초음파 진단장치는 1차 진료 의사와 간호사들이 환자의 몸속을 들여다보기에 가격도 적절하고 사용하기도 쉬웠다.

소노사이트는 두 종류의 휴대용 제품을 갖고 있었다. 타이탄Titan으로 명명된 주력 상품은 랩톱 컴퓨터 정도의 크기였다. 아이룩iLook으로 불리는 또 다른 브랜드는 타이탄 크기의 절반 이하였고, 가격은 3분의 1에 불과했다. 두 기계 모두 엄청난 잠재력을 가졌다. 아이룩은 타이탄만큼 세련되지도 수익이 나지도 않았지만 훨씬 더 휴대가 간편했다. 소노사이트의 사장이자 CEO인 케빈 굿윈Kevin Goodwin은 아이룩 시장의 전망이 좋다는 걸 알았다. 아이룩은 출시 이후 첫 6주 동안에 1,000대가 판매됐다. 소노사이트가 아이룩을 팔지 않는다면 다른 회사가 그와 똑같은 저렴한 휴대용 기술을 개발해서 보다 고가의 기계 판매 시장과 소노사이트를 교란시킬 수 있었다.

굿윈은 우선 아이룩에 대한 소비자들의 반응을 알아보고 싶어서 회사의 최고 영업사원 가운데 한 사람과 세일즈 콜sales call(상품이나 서비스 판매를 위해 고객을 방문하는 것-옮긴이)을 실시했다. 그때 일어난 일은 굿윈에게 중요한 교훈이 되었다.

그 영업사원은 랩톱 크기의 초음파 진단장비인 타이탄을 팔기 위해 열을 올렸다. 아이룩은 아예 고객에게 보여주지도 않았다. 15분 동안 이 광경을 지켜보던 굿윈이 끼어들었다.

굿윈은 "고객에게 아이룩을 보여주세요"라고 재촉했다. 그러나 그의 말은 철저히 무시됐다. 영업사원은 계속해서 타이탄이 가진 장점들만을 칭찬하기 바빴다. 굿윈은 몇 분 더 기다리다가 다시 한번 "가방에서 휴대용 초음파 장비를 꺼내란 말이오!"라고 말했다. 그러나 영업사원은 또다시 그를 완전히 무시했다. 굿윈은 고객 앞에서 영업사원에게 아이룩을 팔라고 세 번이나 요청했다. 그러나 그럴 때마다 완전히 무시당했다.

대체 왜 이런 일이 생긴 것일까? 회사 CEO의 말도 직원에게 통하지 않았던 이유는 무엇일까?

영업사원이 의도적으로 굿윈을 무시하려고 애쓴 건 아니었다. 오직 그는 회사가 그에게 해주기를 바라던 일, 바로 더 마진이 높은 제품을 판매하고 있었던 것이다.

굿윈은 휴대용 기기 아이룩이 장기적으로 엄청난 잠재력을 갖고 있으며, 그 잠재력은 성공한 모델인 타이탄에 비해 더 클 수도 있다는 것을 알았다. 문제는, 영업사원들은 모두 수수료를 받고 일했고, 그들에게 성공은 전체 판매 금액과 총 마진으로 정의된다는 사실이다. 다시 말해서 굿윈은 영업사원의 한쪽 귀에 명확하게 지시하고 있다고 생각했지만, 회사의 보상 시스템은 영업사원의 다른 귀에 반대되는 지시를 하고 있었던 것이다.

자원 할당의 역설

거의 모든 회사에서 그렇듯이 소노사이트에서도 이런 갈등이 우연한 실수로 생긴 건 아니었다. 그보다는 내가 《혁신기업의 딜레마》에서 말한 '만연된 역설pervasive paradox' 문제 때문이다. 회사의 손익계산서에는 기업이 유발하는 모든 비용들이 적시되어 있었다. 그것은 또한 소노사이트가 그런 비용을 충당하기 위해서 매일 벌어들여야 하는 모든 매출을 보여줬다. 어쨌든 소노사이트 입장에선 수백만 명의 건강관리 질과 비용 개선을 원한다면 그 정도의 매출을 올려야 했다. 영업사원은 타이탄 한 대를 팔았을 때 얻는 것과 같은 이익을 창출하기 위해선 아이룩 다섯 대를 팔아야 했다. 여전히 그들이 받는 수수료는 가격이 비싼 타이탄을 팔았을 때가 더 높았다.

케빈 굿윈과 영업사원들이 해결을 위해 고심했던 이런 종류의 문제는 합리적으로 보이는 일이 합리적이지 않아 생기는 가장 도전적인 문제에 해당한다. 이런 문제는 기업 내 부서 간에 일어나기도 한다. 예를 들어 소노사이트에서는 CEO의 관점에서 합리적으로 보인 일이 영업사원의 관점에서는 그렇게 보이지 않았다. 다음 제품의 성능을 현재 출시된 최고의 제품 이상으로 끌어올리면서 더 값비싸게 만들겠다는 계획은 기술자들에게 합리적으로 보였지만 아이룩을 지금보다 더 작고 더 낮은 가격으로 만들겠다는 회사 전략의 논리와 상충했다.

이런 문제들이 한 사람의 머릿속에서 일어날 때 해결은 더욱 난감해진다. 장기적으로 적절한 결정이 단기적으로는 타당하지 않아 보일 때, 잘못된 고객 방문이 사실은 올바른 고객 방문일 때, 가장 중요하게 생각해서 파는 제품 판매량이 거의 의미가 없을 정도로 신통치 않을 때가 그렇다.

소노사이트 사례에서 대두된 결정의 문제는 전략 수립 과정의 마지막에 하는 '자원 할당' 문제와 관련된다. 2장에서 우리는 의도적 계획과 창발적 대안 사이에서 결정하는 문제를 소개했다. 이번 장에서 이 문제를 훨씬 더 깊이 파고들어가 보겠다. 전략 수립 과정에서 자원 할당은 전략의 성패를 좌우할 정도로 중요하기 때문이다. 자원 할당 과정은 어떤 의도적 계획과 창발적 계획이 자금을 지원받아 실행될지, 또 어떤 계획이 거부될지를 결정한다. 회사 내 전략과 관계한 모든 것들은 자원 할당 단계로 나아갈 때까지 '의향'에 불과하다. 기업의 비전, 계획, 기회와 기업이 겪는 모든 위험과 문제 들에는 모두 우선순위가 정해져야 한다. 따라서 회사가 실행하는 현실적 전략이 되기 위해서 각 계획이나 문제들은 서로 경쟁한다.

개인이 문제를 만들어낼 때

소노사이트 같은 회사가 선의의 직원들을 잘못된 방향으로 나아가게 만들기도 한다. 직원들의 성공 기준이 회사를 성공적으로 만드는 기준과 상충할 경우가 그렇다. 또한 기업은 장기적인 것보다는 단기적인 것에 우선순위를 둘 때 잘못될 수 있다.

그러나 어떤 경우에는 개인이 문제의 원인이 되기도 한다.

애플의 다음 사례는 개인의 우선순위와 기업의 우선순위의 차이가 어떻게 치명적 결과를 가져올 수 있는지를 보여준다. 창립자인 스티브 잡스가 퇴출당한 이후, 1990년대 대부분의 기간 동안 애플은 과거 유명해지는 데 일등 공신 노릇을 했던 제품 개발을 그냥 중단했다. 회사 내에 잡스가 내세우던 원칙이 사라지자 애플이 의도한 전략과 실제 추구한 전략 사이에 틈이 벌어지기 시작했고, 애플도 흔들리기 시작했다.

예를 들어, 1990년대 중반 애플이 마이크로소프트와 경쟁하기 위해 코드네임 코플란드Copland라는 차세대 운영체계를 만들려고 했던 시도는 수없이 좌초됐다. 코플란드 개발은 잘 알려진 우선순위였지만 애플은 잘 추진하지 못하는 것처럼 보였다. 경영진은 언론, 종업원, 주주들에게 차세대 운영체계가 얼마나 중요한지를 계속해서 떠들어댔다. 그러나 시장의 필요에 대한 경영진의 생각은 직원들과 거의 공유되지 못했다. 기술자들은 회사가 코플란드에 대해 약속했던 것을 지키는 것보다는 신제품 개발을 꿈꾸는 데 더 관심이 있어 보였다. 잡스가 없는 상태에서 개인들은 회사 목표에 부합하지 않더라도 자신들이 관심 있는 생각에 시간을 투자하면서 보냈다. 결과적으로 당시 애플의 최고기술책임자CTO인 엘렌 핸콕Ellen Hancock은 코플란드 프로젝트를 완전히 정리했다.

1997년 CEO로 복귀한 잡스는 곧바로 기본적인 자원 할당 문제를 해결하는 작업에 착수했다. 잡스는 모든 사람들이 각자 생각하는 우선순위에 집중하게 내버려두지 않고 다시 애플의 초심으로 돌아가게 만들었다. 세계 최고 제품을 만들고, 일상생활 속에서 사람들이 기술 사용에 대해 가진 생각을 바꾸고, 사용자들에게 멋진 경험을 선사하는 것이었다. 이 목표에 부합하지 않는 목표는 모두 폐기처분됐다. 또한 동의하지 않는 사람들은 호통을 치거나 가르치거나 아니면 퇴출시켰다. 곧바로 사람들은 애플의 우선순위에 부합하는 방식으로 자원을 할당하지 않는다면 곤혹을 치를 것임을 이해하기 시작했다. 다른 무엇보다도 잡스의 우선순위를 내부 직원들이 깊이 이해했으며, 그것을 원동력 삼아 애플은 표방하는 목표를 성취하고 세계에서 가장 성공한 기업 중 하나로서의 위상을 되찾을 수 있었다.

장·단기 전략의 딜레마

개인들만 이런 문제를 유발하는 건 결코 아니다. 실제로 기업이 재난에 빠지는 근본 원인들을 연구해 보면, 장기적 성공으로 이어지는 노력보다는 즉각적인 만족감을 주는 노력을 더 선호했기 때문이란 사실을 알 수 있을 것이다. 많은 기업들의 의사 결정 시스템들은 가장 가시적이면서 즉각적인 보상을 제공하는 프로젝트들에 투자하도록 설계되어 있다. 따라서 기업은 종종 장기 전략에 중요한 프로젝트 투자는 등한시한다.

혁신기업들은 이처럼 장·단기 전략 사이에서 딜레마를 겪는다. 이런 딜레마가 얼마나 만연한지를 알기 위해 또 다른 선망의 대상인 기업 유니레버Unilever를 살펴보자. 유니레버는 세계 최대의 식품, 개인 생활용품, 세탁과 청소용품 제조회사 가운데 하나이다. 유니레버는 새로운 성장 사업을 창조할 획기적 신제품 개발을 위해서 수십 억 달러를 투자해 왔다. 그런데 야구 용어를 빌리자면 그곳 혁신가들은 흥미로운 새로운 홈런 제품보다는 매년 번트와 단타성 제품만을 생산한다. 이유가 무엇일까?

지난 10년 동안 유니레버의 전략을 연구한 결과, 나는 기업이 무심코 그들의 최고 직원들에게 오직 번트를 대고 단타를 치는 방법만을 가르쳐주기 때문이라고 결론 내렸다. 유니레버의 고위 경영진은 매년 그들의 전 세계 영업망을 통해 차세대 지도자들(줄여서 HPLHigh-Potential Leader로 불리는 잠재력이 많은 지도자들)을 발굴한다. 유니레버는 그들을 고위 임원으로서 전 세계를 돌아다니면서 침착하게 여러 과제를 번갈아 맡을 수 있는 능력을 갖추도록 훈련시킨다. 그들은 18개월에서 24개월 동안 금융, 경영, 영업, HR, 마케팅 등과 같이 모든 직무군을 돌며 여러 일을 맡고 제품과 시장 표본 추출에 주력한다.

그들이 각각의 과제를 끝낼 때마다 완수한 업무의 수준이 그들이 다음에 받을 과제의 중요성을 결정한다. 계속해서 성공적으로 과제를 수행한 HPL들은 이후로 최고의 과제들을 받고, 회사에서 차기 고위 임원이 될 가능성이 높아진다.

이런 시스템을 젊은 직원들의 관점에서 보자. 그들이 모두 차기 임원 개발 프로그램에 뽑혀서 흥분하고 있다고 생각하자. 그들이 어떤 프로젝트를 가장 탐낼 것 같은가? 이론적으로 봤을 때 그들은 유니레버의 향후 5년 내지 10년 뒤에 핵심이 될 제품과 과정에 관련한 프로젝트를 탐내는 게 맞다. 그러나 오랜 뒤에나 얻을 수 있는 노력의 결과는 통찰력을 갖고 프로젝트를 처음 시작했던 사람이 아니라 시간이 흘렀을 때 그 일을 하고 있는 사람의 기록을 돋보이게 할 뿐이다. 대신에 HPL이 24개월 내에 확인과 평가가 가능한 프로젝트를 맡아 결과를 내는 데 집중한다면, 성과 평가 프로그램을 운영하는 사람들은 완수한 프로젝트에 대해 HPL이 기여한 바를 평가할 수 있다. 자신이 노력한 것을 보여줄 만한 지표를 갖고 있다면 그들은 다음 임무를 더 잘할 것이다. 이런 시스템은 분명 단기적인 것에만 집중하고 무심코 회사의 목표를 약화시키는 미래의 고위 임원들에게만 보상을 해준다.

잘못 조율된 인센티브도 만연하고 있다. 미국은 사회보장연금과 노인의료보험제도 등 여러 복지 프로그램들을 조정할 수가 없다. 모든 사람들이 이런 프로그램들이 국가를 부도 위기로 내몰고 있다는 데 동의하는 데도 그렇다. 이유는 무엇일까? 하원 의원들은 2년마다 재선을 위해 뛴다. 옳건 옳지 않건 간에 이런 의원들은 자신들이 미국을 구원하는 데 앞장서기 위해 재선이 되어야 한다고 확신한다.

이런 문제의 해결 방법은 광범위하게 알려져 있다. 그러나 하원의 그 누구도 이런 해법을 가방에서 꺼내서 고객인 유권자들에게 '팔려고' 하지를 않는다. 이런 프로그램들로부터 혜택받는 사람들이 아주 많아서 만일 그런 해법을 가방에서 꺼내는 의원이 있다면 그 의원에게 표를 던지지 않을 것이기 때문이다. 은퇴해서 더 이상 재선을 위해 뛰지 않아도 되는 원로 정치인들이 이런 현 의원들 바로 옆에 앉아 가방에서 해결책을 꺼낼 것을 여러 차례 촉구하지만 선출된 의원들은 그렇게 할 수가 없다. 우선순위인 일과 실제로 하도록 권장받은 일 사이에 벌어지는 줄다리기에 대해서 서로 공감하고 위로할 수 있게 누군가가 하와이 마우이 섬에서 소노사이트의 영업사원, 유니레버의 HPL, 미국 의원들이 모이는 컨퍼런스를 조직해야 한다.

그건 이기기 쉬운 게임은 아니다.

우리 삶에서의 자원 할당

앤디 그로브는 "기업 전략을 이해하기 위해서는 기업이 앞으로 할 거라고 말하는 것보다는 실제 하고 있는 일을 보면 된다"라고 했다. 자원 할당도 우리의 일상생활과 사회생활에서 아주 똑같은 방식으로 작동한다. 미국의 여성 운동가 글로리아 스타이넘Gloria Steinem은 앤디 그로브가 그랬듯이 자신의 세상에 맞는 전략을 짜면서 "우리는 수표 장부를 보고 우리 가치를 말할 수 있다"라고 말했다. 영업사원의 가방에서 어떤 기계를 꺼낼지를 놓고 고민하는 딜레마는 일과가 끝날 무렵에 우리가 직면하는 딜레마와 아주 유사하다. 바로, '30분 더 일을 할까, 아니면 퇴근해서 아이들과 놀아줄까?'란 딜레마 말이다.

다음은 우리 삶의 일부가 되는 전략에 쏟는 투자의 틀을 잡는 방법이다. 우리는 개인 시간, 에너지, 재능, 재산을 포함한 자원을 갖고 있고, 개인 생활 속에서 몇 가지 '비즈니스'를 잘 처리하기 위해서 그런 자원을 이용한다. 이때 비즈니스란 배우자나 다른 중요한 누구와 보람 있는 관계를 유지하거나 아이들을 훌륭하게 잘 키우거나 사회생활에서 성공하거나 교회나 지역사회에 기부하거나 하는 일들을 말한다. 그러나 불행하게도 우리가 가진 자원은 제한적이라 이런 비즈니스들은 그 제한된 자원을 얻기 위해서 경쟁한다. 기업이 겪는 것과 똑같은 문제이다. 이런 목표들 각각에 어떻게 자원을 할당해야 할까?

자원 관리를 세심하게 하지 못할 경우 우리의 자원은 결과적으로 각자 두뇌와 마음에 얽힌 '자동화된' 기준에 따라 할당될 것이다. 기업들에서와 마찬가지로 우리 자원은 한 차례 회의에서나 혹은 다음 주 평일 달력을 살펴볼 때 할당되지 않는다. 할당은 지속적인 과정이다. 또한 우리는 머릿속에 우선순위를 정해서 선택하는 필터를 갖고 있다.

이것은 복잡한 과정이다. 사람들은 매일 시간과 에너지를 필요로 한다. 자신에게 중요한 것에 집중하고 있을 때조차 어떤 것이 올바른 선택인지 구분하기가 여전히 어렵다. 여분의 에너지나, 30분의 여유 시간이 있다고 하면 그런 에너지와 시간을 다른 곳이 아닌 여기서 자기들과 같이 쓰자고 조르는 사람들도 많다. 당신의 시간과 관심을 원하는 사람과 프로젝트 수가 그토록 많은 이상, 자기 운명을 마음대로 할 수 없다고 느낄 수 있다. 어떤 경우 그런 느낌이 좋은 결과로 이어지기도 한다. 또한 예상하지 못했던 기회들이 생기기도 한다. 그러나 또 어떤 경우, 내 많은 동창들처럼 그런 기회들이 당신을 정도에서 벗어나게 만들 수도 있다.

성취도가 높은 사람은 위험하게도 보유 자원을 가장 즉각적이면서 가시적인 결과를 낳는 활동들에 무의식적으로 할당한다. 이런 일은 사회생활을 하면서 자주 일어난다. 사람들에게 발전하고 있다는 가장 구체적인 증거를 제시할 수 있는 때가 바로 인생에서 사회생활을 할 때이기 때문이다. 그들은 제품을 출하하고, 디자인을 마치고, 환자를 돕고, 세일을 끝내고, 수업을 가르치고, 소송에서 이기고, 논문을 발표하고, 보수를 받고, 승진한다. 그들은 대학을 졸업하고, 갖고 있는 가장 중요한 에너지를 경력을 쌓는 데 쓰는 게 쉽다는 걸 알아차린다. 내 수업을 들었던 학생들은 종종 교육을 받은 덕에 보여줄 수 있는 무언가를 얻고자 하는 강렬한 열정을 지닌 채 학교를 떠난다.

갖고 있는 자원을 어떻게 할당하느냐에 따라서 당신 인생은 원래 바라던 것과 똑같거나 아니면 의도한 것과 아주 다르게 변할 수도 있다. 자기도 모르게 공허하면서도 불행한 삶에 투자해온 내 동창들을 보면, 나는 그들이 겪은 고난이 부적절한 자원 할당에서 비롯됐다고 믿을 수밖에 없다. 개인적으로 그들은 선했다. 그들은 가족과 아이들에게 인생 최고의 기회를 부여할 수 있기를 바랐다. 그러나 어쨌든 상상하지 못했던 장소에서 끝나는 막다른 길과 이상한 데로 빠지는 샛길 위에 자원을 낭비해버렸다.

그들은 훌륭한 자녀 양육법처럼 수십 년이 지나야 결과를 볼 수 있으며 오랫동안 노력이 요구되는 일들보다는 승진이나 임금 인상이나 성과급처럼 즉시 결과를 볼 수 있는 일들에 우선순위를 두었다. 그리고 그런 즉각적인 성과가 나왔을 때, 자신과 가족의 수준 높은 생활을 유지하는 데 필요한 고급 자동차와 좋은 집과 화려한 휴가에 쓸 돈을 마련하는 데 자기 자원을 집중했다. 문제는 일상생활의 수요가 개인의 자원 할당 과정을 위축시킬 수 있다는 것이다. 예를 들어 '내 일에 시간 투자를 줄이면 나는 승진에서 미끄러질 수도 있다. 하지만 나는 승진해야 한다'고 생각할 수 있다.

그들은 특히 가족에게 더 나은 삶을 선사하려고 만족스러운 사회생활과 개인생활이라는 두 마리 토끼를 다 잡으려다 어느덧 배우자와 아이들을 간과하기도 한다.

가족 관계에 시간과 에너지를 쏟는 것은 승승장구하는 사회생활이 주는 것과 같은 즉각적인 성취감을 주지는 못한다. 따라서 배우자와의 관계를 무시할 수 있다. 그렇게 하더라도 언뜻 상황은 악화되는 것처럼 보이지 않는다. 퇴근해 집에 올 때 배우자는 항상 집에 있고 아이들은 못된 짓을 저지르려고 늘 새로운 방법을 찾고 있다. 부모가 "자식 농사 잘했다"라고 말할 때까지는 앞으로 20년의 시간은 족히 더 걸린다.

사실상 야심에 찬 많은 사람들의 사생활을 바라보면 이와 똑같이 정신이 번쩍 들게 되는 패턴을 종종 볼 수 있다. 그들은 스스로 가족이 자신에게 아주 중요하다고 믿고 있을지 몰라도 사실은 가장 중요하다고 말하는 것에 할당하는 자원을 점점 더 줄이고 있다.

일부러 그렇게 하려는 사람들은 극히 드물다. 이런 결정들은 어떤 큰 영향을 주지 못한다고 생각하고 내리는 작은 결정들에 불과하다. 그러나 그들이 이런 식의 자원 할당을 계속하면 (그들이 종종 깨닫지 못하더라도) 그들은 원래 의도하는 것과 다른 전략을 실행하는 게 된다.

기업에서건 우리 인생에서건 전략은 시간, 에너지, 돈을 쓰는 방법과 관련해서 매일 내리는 수백 개의 결정을 통해 창조된다. 인생의 분명한 목적과 전략을 세울 때, 우리가 바라는 모든 걸 적용할 수 있지만 그런 전략에 어울리게 자원을 투자하지 않는다면 궁극적으로 아무런 의미를 갖지 못한다. 종국에는 전략이 효과적으로 실행되지 않으면 좋은 의도도 의미 없이 사라지고 만다.

정말로 실행하기를 원하는 전략을 실행하고 있다는 걸 어떻게 확인할 것인가? 당신의 자원 흐름, 즉 자원 할당 과정을 지켜보라. 자원들이 결정한 전략을 지원하지 않는다면, 심각한 문제에 처할 위험이 있다. 스스로 자신이 자비로운 사람이라고 생각할지 몰라도 실제로 관심을 둔 명분이나 조직에 정말로 돈이나 시간을 투자하는 경우가 얼마나 있는가? 가족이 가장 중요하다면 임의적(혹은 비임의적)으로 쓸 수 있는 시간이 생겼다고 할 때 가족을 가장 먼저 떠올리는가? 피와 땀과 눈물을 투자할 장소에 대해 내리는 결정이 스스로 되고자 갈망하는 사람과 일치하지 않는다면, 당신은 결코 그런 사람이 되지 못할 것이다.

2부

관계 속에서 행복 찾기

내 인생에서 가장 행복했던 순간은 집에 있는 가족의 품속에서 보낸 얼마 안 되는 시간이었다.

_ 토머스 제퍼슨, 미국 4대 대통령이자
독립선언문을 발표한 교육자 · 철학자

지금까지 우리는 사회생활에서 행복을 찾기 위해 전략 수립 과정을 활용하는 방법에 대해 집중적으로 이야기했다. 나는 모두에게 정말로 동기를 부여하는 것이 무엇인지에서부터 논의를 시작했다. 그것은 바로 우리가 하는 일에서 행복을 느끼게 해주는 우선순위들이다. 나는 다음으로 동기를 부여해 주는 일을 찾으려는 의도적 계획과 예상하지 못했던 기회들 사이에서 균형 잡는 법을 보여주었다. 그리고 마지막으로 이 모든 개념들과 맥을 같이해서 자원을 할당하는 문제에 대해 이야기했다. 누구든 3단계 전략 수립 과정을 올바로 밟아 나가면 진정 좋아하는 일을 찾을 수 있을 것이다.

우리 중에는 성취욕이 높은 사람들이 있는데, 그들은 성취를 가장 즉시 평가할 수 있는 방식으로 일한다. 우리는 내부 자원을 할당하는 과정에서 뭔가를 성취했다는 걸 가장 분명하고 즉각적으로 보여주는 활동에 모든 여분의 시간이나 에너지를 투자하고 싶다는 유혹을 엄청나게 받는다. 우리가 하는 일들을 살피면 이를 증명하는 증거를 대단히 많이 찾을 수 있다.

그러나 인생에는 지금 하는 일보다 훨씬 더 중요한 게 많다. 직장에서 당신이 보내는 시간의 양은 직장 밖에서 가족과 친구들과 있을 때의 당신이라는 사람에게 영향을 준다. 내 경험상 성취욕이 높은 사람들은 직장에서 선망하는 사람이 되려고 엄청나게 애를 쓰는 반면, 집에서는 선망하는 사람이 되려는 데 아무런 애를 쓰지 않는다. 아이를 훌륭하게 키우거나 배우자와 더 깊은 사랑을 나누는 것에는 아무리 시간과 에너지를 투자해도 성공했다는 분명한 증거가 나오지 않기 때문이다. 그래서 사회생활에는 과도하게 투자하되 가족에게는 투자를 줄인다. 그러다 보니 인생에서 가장 중요한 부분 중 하나인 가족이 번창하는 데 필요한 자원을 제공하지 않는 것이다.

지금쯤 당신은 1부에서 우리가 던진 세 가지 질문 모두에 대한 답들이 서로 깊게 연결되어 있음을 분명히 알아야 한다. 아무리 노력해도 인생의 여러 부분들을 완전히 담으로 막아놓기는 정말 힘들다. 당신의 사회생활 우선순위들(직장에서 당신을 행복하게 만들어줄 동기 요인들)은 가족, 친구, 신념, 건강 같은 인생의 더 넓은 우선순위들 중 일부에 불과하다. 마찬가지로 당신이 세운 계획과 예상하지 못한 기회 사이에서 균형을 잡고, 시간과 에너지 등 자원을 할당하는 방식은 사무실 밖으로 걸어 나간다고 해서 중단되는 게 아니다. 당신은 인생의 모든 순간에 대해 결정을 내리고 있다. 집과 일터에서 사람들과 프로젝트들에 관심을 쏟으라는 압력을 지속적으로 받을 것이다. 어떤 사람과 어떤 프로젝트에 먼저 관심을 가져야 하는가? 가장 시끄럽게 잡음을 내는 대상에게 관심을 가져야 하는가? 아니면 먼저 다가온 대상에게 관심을 가져야 하는가? 나의 우선순위에 부합하는 방식으로 자원을 확실히 할당해야 한다. 성공 기준이 자신의 가장 중요한 관심 사항과 일치하도록 해야 한다. 이 모든 것을 올바른 시간의 틀 속에서 생각해야만 하며, 그럼으로써 장기적인 것을 포기하는 대가로 단기적인 것에 집중하려는 자연스러운 경향을 극복해야 한다.

이는 좀처럼 쉬운 일이 아니다. 진정한 우선순위가 무엇인지 알았을 때조차 매일 마음속으로 그 우선순위를 지키기 위해 싸워야 할 테니까. 대부분 그렇듯이 나 역시 흥미로운 문제와 도전에 자연스럽게 끌린다. 몇 시간씩 빠져 있을 수 있고, 그 문제와 도전을 해결하면 곧바로 기분이 좋아질 것만 같다. 이런 도전들 중 하나를 해결하느라 직장에서 밤늦게까지 일하거나, 동료와 흥미로운 이야기를 나누기 위해 복도에서 가던 길을 멈추거나, 전화를 받다가 완전히 새로운 뭔가를 연구하기로 동의하고 기대감에 흥분하는 내 모습을 발견하기도 한다.

그러나 나는 이런 식으로 시간을 보내는 게 스스로 정한 우선 순위와 일치하지 않는다는 걸 알고 있다. 해가 지기 전에 아들과 공놀이를 하거나 딸아이를 발레 학원에 데려가기 위해 매일 저녁 6시에 퇴근하는 것처럼 내가 정말로 가치를 두는 것에 충실하기 위해 인생에서 한도와 장벽과 경계를 정하고 계속 신경을 쓰도록 자신을 통제해야 한다. 이렇게 하지 않는다면, 내가 사랑하는 가족과 함께 보내는 시간을 얻은 것보다 문제를 해결했느냐에 따라 그날의 성공을 평가하고 싶은 유혹에 빠질 것이다. 따라서 우리는 내 인생의 이런 영역에 자원을 투자함으로써 받게 될 장기적 보상이 훨씬 더 중요하다는 걸 분명히 인지하고 있어야 한다. 일은 당신에게 성취감을 안겨줄 수 있지만, 가족과 친구들과 함께 키우는 친밀한 관계 속에서 얻는 지속적인 행복감에 비할 수는 없다.

4장부터는 이 문제를 더 깊이 다뤄보겠다. 여기에서 조금 특별한 맥락의 이해가 필요한 주제가 한 가지 있다. 다른 사람들을 상대할 때마다 상황이 어떻게 전개될지 예측하고 모든 것을 통제한다는 게 항상 가능한 건 아니라는 것이다.

특히 아이들을 상대할 때 그렇다. 풍부한 사랑과 선한 의도로 무장했더라도 우리가 복잡한 세계에 살고 있다는 건 바뀌지 않는다. 다시 말해 아이들은 친구, 언론, 인터넷 등 어디서부터건 전례 없을 정도로 많은 것을 접하며 산다. 아무리 작심한 부모라도 모든 영향들을 통제하기는 사실상 불가능하다. 더군다나 아이들마다 서로 영향을 받는 정도가 다르다. 그래서 처음 부모가 된 사람들은 종종 놀란다. 또한 아이들의 관심은 항상 부모와 똑같지는 않으며 아이들은 부모가 바라는 대로 행동해 주지도 않는다.

사정이 이렇기에 누구라도 모두에게 들어맞는 방법을 제시할 수는 없다. 뜨거운 물이 당근은 부드럽게 하지만 계란은 단단하게 만드는 것과 같다. 우리는 부모로서 아이들과 아무 소용도 없는 많은 일들을 하게 될 것이다. 그럴 경우 그 시간을 실패로 간주하기 매우 쉽다. 그래서는 안 된다. 사실 정반대이다. 창발적 전략과 의도적 전략에 대한 논의(각자 세운 계획과 예상하지 못했던 기회들 사이의 균형)를 이해했다면 뭔가가 잘못됐다고 해서 실패한 건 아님을 알 것이다. 그보다는 효과가 없는 게 뭔지를 방금 배운 것뿐이다. 이제 다른 걸 시도해 보면 된다.

사생활에서는 쓸 수 없고 기업 환경 속에서만 사용할 수 있는 몇 가지 도구들이 있다는 건 두말할 필요가 없다. 예컨대 조직은 원하는 문화를 만들기 위해서 직원들을 채용하고 해고할 수 있는 능력을 갖고 있다. 그러나 문화적으로 적합하다고 해서 아이를 채용할 수는 없다. 아이들에게 영향을 주는 방법을 선택할 수도 없다. 또한 어떤 경우 정말 그러고 싶어도 아이들을 해고

할 수는 없다(감사하게도 아이들도 부모를 해고할 수 없다).

우리가 직장에서 겪는 많은 문제들은 사실 우리가 집에서 겪는 문제들과 근본적으로 똑같을 때가 많다. 좋은 배우자와 좋은 부모와 좋은 친구가 되고 싶다면 이제부터 나오는 이론들에 주목하라. 이 이론들은 당신이 가족과 평생 동안 지속할 우정을 쌓아갈 수 있는 훨씬 더 좋은 기회를 줄 것이다. 그러나 어떤 것도 완벽한 결과를 약속할 수는 없다. 다만 장담할 수 있는 것은, 계속해서 열심히 노력하지 않는 이상 문제들을 올바로 해결할 수 없다는 사실이다.

가족이나 친구와 맺는 친밀하고 애정 넘치는 지속적인 관계는 우리 인생에서 희열의 원천이 될 것이다. 이런 관계는 충분히 싸워서 얻으려고 애쓸 만한 가치가 있다. 2부에서 우리는 당신이 인생의 여행을 지속하면서 어떻게 이런 관계를 키울 수 있는지와 그에 못지않게 중요한, 이런 관계를 해치는 걸 어떻게 피할 수 있는지를 살펴볼 계획이다.

문제가 생기기 전, 관계에 투자하는가

●●●●●● 가족과 친구들과 맺는 관계는 우리 인생에 행복을 가져다주는 가장 중요한 원천이다. 그러나 조심해야 한다! 집안이 모두 잘 돌아가는 것처럼 보일 때 당신은 가족과의 관계에 대한 투자를 뒤로 미뤄도 된다고 안심할 수 있을 테니까. 그것은 엄청난 실수가 될 수 있다. 그 관계에 심각한 문제가 드러날 무렵이면, 이미 되돌리기 너무 늦은 경우가 종종 있다. 다시 말해 역설적이게도, 강력한 가족 관계와 돈독한 친구 관계를 만들기 위해 투자해야 하는 가장 중요한 때는 언뜻 그런 투자가 필요 없는 것처럼 보일 때라는 말이다.

위험한 모험, 엄청난 실패

이리듐 새터라이트 네트워크Iridium Satellite Network보다 더 성황리에 제품을 출시한 기업은 드물 것이다. 이리듐은 하늘의 복잡한 위성 네트워크를 이용해서 말 그대로 지구상 어디서나 전화를 걸 수 있는 휴대폰을 개발했다. 앨 고어Al Gore 부회장은 버지니아에 있는 미국의 전화 발명자인 알렉산더 그레이엄 벨의 손자에게 시연 전화를 걸어 상징적으로 이리듐의 제품 출시를 선포했다. 이리듐은 한때 전 세계에서 가장 높은 평가를 받았던 초소형 전자공학 기술 및 전기통신 회사들 중 하나인 모토롤라가 주로 출자하고 경영했다.

기업 임원들과 월가 전문가들은 모두 이리듐이 수백만 명의 사용자를 확보하면서 모바일 커뮤니케이션 분야에 일대 혁신을 일으킬 것으로 자신 있게 전망했다. 이리듐은 시장 평가를 위해서 광범위한 조사를 실시했는데, 실제로도 승산이 있어 보였다. 그들은 많은 난관을 극복하고 위성에 필요한 신호 영역을 할당하도록 전 세계 정부들을 설득하는 데 성공했다.

전통적인 휴대폰은 신호를 전달하는 기지국을 통해서 사용자들을 연결해 주었다. 그런데 이 방법이 늘 신뢰할 수 있었던 건 아니다. 주위에 발신자가 건 전화를 중계할 수 있는 기지국이 없다면 통화가 불가능했다. 반면에 이리듐의 전략은 고객으로부터 걸려온 각각의 전화를 위성으로 보내고, 위성이 전화를 다시 고객이 통화하고 싶은 사람에게 보내겠다는 것이었다. 고객이 지구 반대편에 있다면 위성은 수신자에게 전화를 보낼 수 있는 위치의 다른 위성에게 신호를 보내면 됐다. 다시 말해서 누구나 장소의 제약 없이 다른 사람과 전화 통화를 할 수 있게 됐다는 뜻이었다.

에베레스트 산을 정복한 뒤 득의만면하여 볼티모어에 사는 아버지에게 전화 거는 걸 원하지 않는 사람이 누가 있겠는가?

이리듐은 세계적 수준의 전문 기술을 활용하는 한편, 넘을 수 없을 것 같았던 난관을 극복했다. 하지만 이리듐의 전략에는 근본적인 오류들이 몇 가지 있었다. 이리듐의 경제적 모델을 확인하기 위해 간단히 '어떤 가정들이 사실로 판명돼야 하는가?'라는 훈련을 했다면 몇 가지 중요한 문제가 눈에 띄었을 것이다.

문제들 중 하나는 고객이 호주머니나 지갑이 아니라 서류 가방에 전화기를 갖고 다니는 걸 편안하게 생각하는가였다. 이 전화기는 무게가 500그램 가까이 나갔다. 신호를 지역 기지국이 아니라 위성에 보내려면 신호의 세기를 올려야 하므로 대형 배터리가 필요했다.

또 사실로 판명되어야 할 다른 가정은, 에베레스트 산 정상에서 가장 가까운 위성으로 보내는 신호가 깨끗할지는 몰라도 전화를 받는 아버지는 볼티모어에서 집밖에 머물고 있어야 했다는 점이다. 아버지와 위성 사이에 신호 간섭을 일으키는 지붕이 없어야 했기 때문이다.

결국 60억 달러가 넘는 돈을 투자하고, 첫 번째 전화를 건 후 반년도 채 안 돼 이리듐은 실패를 인정하고 파산보호 신청을 했다. 이리듐은 10년 동안 파산에서 벗어나지 못했고, 투자자들은 무일푼으로 전락했다. 이리듐은 법정관리를 거친 후 2,500만 달러라는 헐값으로 새로운 투자자들에게 팔렸다.

모토롤라의 임원들과 공동 투자자들은 왜 그렇게 위험한 모험에 그토록 막대한 자본을 투자했을까? 우리가 '좋은 돈과 나쁜 돈'이라고 부르는 이론이 이 질문에 답을 준다.

좋은 돈 VS.
나쁜 돈

기본적 차원에서 투자자들은 성장과 수익성이라는 두 가지 목표를 갖고 회사에 투자한다. 그런데 둘 다 얻기가 힘들다.

콜롬비아대학교의 아마르 바이드Amar Bhide 교수는 본인의 저서 《새로운 기업의 기원과 발전*The Origin and Evolution of New Business*》에서 모든 성공 기업들은 똑같으며, 각각의 실패는 나름대로 이유가 있다는 걸 보여줬다. 이 책의 서두에서 바이드는 궁극적으로 성공 기업들 중 93퍼센트는 당초 세웠던 전략을 포기하지 않을 수 없었다고 주장한다.

이것은 원래의 계획이 성공 가능성이 없는 것으로 입증된 까닭이다. 다시 말해서, 성공 기업들은 처음부터 적절한 전략을 갖고 있어서 성공한 게 아니다. 그보다 원래의 전략이 실패한 뒤에도 방향을 바꿔서 또 다른 전략을 시도할 수 있는 돈이 있어서 성공한 것이다. 이와 달리 실패 기업들은 대부분 원래 세웠던 계획에 가진 돈을 몽땅 투자하는데, 일반적으로 이 계획은 잘못되기 마련이고 따라서 실패하게 된다.

좋은 돈과 나쁜 돈 이론은 본질적으로 바이드의 연구를 쉽게 설명해 준다. 신규 사업의 초기 단계에서 아직까지 승리 전략이 분명하지 않을 경우, 인내심을 갖고 성장을 기다려야 하지만 투자자들로부터 나온 '좋은 돈'은 이익에 조바심을 낸다. 이 돈은 신생기업에 최대한 적은 돈을 투자해서 최대한 빨리 성장할 수 있는 성공 전략을 찾아내라고 요구한다. 잘못된 전략을 추구하느라 거액의 돈을 투자하지 않아도 되게 말이다. 마침내 성공을 거둔 기업들 중에서 93퍼센트가 초기 전략을 수정해야 했다는 사실을 감안할 때, 신생기업에게 급속히 크게 성장할 것을 요구하는 자본은 사실상 그 기업을 벼랑 끝으로 내모는 것과 같다. 게다가 대기업이라면 소기업에 비해서 훨씬 더 빨리 자금을 소진해 버리고, 전략을 더 바꾸기 힘들 것이다. 모토롤라는 이리듐을 통해서 그런 교훈을 배웠다. 그래서 무조건 빠르게 성장할 것을 요구하는 자본은 '나쁜 돈'이다.

두 가지 종류의 자본이 이론이란 이름으로 등장하는 이유는 성공 전략을 찾은 이상 투자자들은 그들이 추구하던 것을 수정해야 해서 그렇다. 즉 그들은 성장에 조바심을 내고, 이익에 침착해야 한다. 높은 수익을 내는 성장 전략을 발견했다면 이제 성공은 이 모델의 확대 가능성 여부에 달려 있다.

그늘이 필요할 때 나무를 심을 것인가

이 이론을 가장 빈번하게 어기는 사람과 조직들 중에는 신성장 사업에 투자하려는 대형 투자자와 성공한 기존 기업들이 있다. 이런 일은 데릭 반 베버Derek van Bever와 매슈 올슨Matthew Olson이 자신들의 책 《스톨 포인트*Stall Points*》에서 분명히 밝혔던 바와 같이, 예상 가능하며 단순한 3단계 과정을 거쳐서 일어난다.

1단계에서는 초기 계획의 성공 가능성이 없을 확률이 매우 높으므로 투자자는 신생기업이 강력하게 성장하고 있더라도 다음 성장 기회에 투자할 필요가 있다. 목적은 새로운 계획에 성공 전략을 이해할 수 있는 시간을 주는 것이다. 그럼에도 불구하고 자본의 소유자는 기업의 핵심 사업이 강점을 갖고 있고, 그 사업에 추가 자본 투자가 계속 필요하고, 실무적으로 신경써야 할 것도 많아서 오직 핵심 사업에만 신경을 쓸 뿐, 신규 사업 투자를 뒤로 미룬다. 내일 일은 내일 하자는 식이다.

2단계에서는 내일이 도래한다. 원래 핵심 사업은 성숙기에 이르면 성장을 멈춘다. 자본의 소유자는 갑자기 다음의 성장 사업에 몇 년 전부터 투자했어야 한다는 걸 깨닫는다. 그랬다면 핵심 사업이 중단됐을 때 다음 성장과 이익 창출 엔진이 이미 성장과 이익 창출 엔진의 역할을 하고 있을 것이다.

3단계에서 자본의 소유자는 자신이 투자한 어떤 사업도 매우 크고, 매우 빨라져야 한다고 주장한다. 예를 들어 매출 4,000만 달러의 벤처 기업은 매년 25퍼센트씩 성장하기 위해서 이듬해에 1,000만 달러어치의 새로운 성장원을 찾아내야 한다. 만약 이 벤처 기업이 400억 달러 규모의 기업으로 성장했고 매년 25퍼센트씩 계속 성장하기를 원한다면 연간 100억 달러를 버는 신규 사업을 찾아내야 한다. 이제부터는 위험과 압력이 엄청나게 커진다. 회사를 더 빠른 속도로 성장시키기 위해 주주들은 큰돈을 빠르게 벌어다줄 프로젝트들에 많은 자본을 투입한다.

그러나 기업가들에게 연료가 되는 풍부한 자본은 기업가들이 무분별하게 잘못된 전략을 적극적으로 추진하도록 허용해 버리는 일이 비일비재하다. 이런 실패를 맛볼 때마다 신규 사업들이 절벽에서 떨어지듯이 전속력으로 추락하면서, 분석가들은 각 사업의 실패 원인을 담은 독특한 이야기들을 만들어낸다.

이런 이론은 혼다가 어떻게, 그리고 왜 궁극적으로 미국 오토바이 산업 공략에 성공했는지와 반면 모토롤라는 이리듐과 함께 실패했는지를 설명해 준다. 역설적으로 혼다는 초창기에 경제적으로 매우 쪼들렸던 탓에 성공했다. 혼다는 수익 모델을 이해하는 동안에 성장할 때까지 기다리는 수밖에 없었다. 혼다가 미국 사업에 투자할 자원이 더 많았다면 수익성이 없더라도 대형 오토바이 전략을 추진하는 데 더 많은 돈을 투자하려고 했을지도 모른다. 그 투자금은 나쁜 돈이 되었을 것이다. 그보다 혼다는 슈퍼 커브에 집중하는 것 외에 사실상 다른 선택을 할 수 없었다. 생존하기 위해서는 소형 오토바이가 벌어주는 돈이 필요했다. 이는 혼다가 미국에서 그토록 성공을 거둔 중요한 이유 중 하나였다. 혼다는 이론에 따라 투자 전략을 추진할 수밖에 없었다.

이런 접근 방법의 대안은 정반대의 방법에 집중하는 것이다. 즉, 기업이 급성장하는 걸 보고, 그 과정에서 고수익을 내는 방법을 찾아내기 위해 투자하는 것이다. 모토롤라가 이리듐을 갖고 그렇게 했다. 역사는 이런 경로를 밟기 위해 애쓰다가 실패한 기업들로 가득 차 있다. 거의 언제나 이 방식은 성공에 이르는 비효율적인 지름길이다.

좋은 돈과 나쁜 돈 이론으로 설명한 인과관계 메커니즘으로 인해 대부분의 기업들이 심판을 받는 날이 도래할 것이다. 기업의 주요 사업이 휘청대거나 성장을 멈춰서, 새로운 수익원이 그것도 아주 빨리 필요할 때가 다가올 것이라는 말이다. 기업이 새로운 매출과 수익원이 필요할 때까지 신규 사업에 투자하는 걸 무시할 경우 이미 너무 늦는다. 이는 더 많은 그늘이 필요하다고 생각할 때에야 나무를 심는 것과 같다.

나무가 하룻밤 사이에 그늘을 만들 수 있을 만큼 충분히 자라는 건 절대로 불가능하다. 또한 나무가 그늘을 공급할 수 있을 만큼 충분히 자랄 기회를 잡으려면 몇 년 동안 인내심을 갖고 영양분을 공급해야 한다.

시간을
되돌릴 수는 없다

우리는 살면서 정말로 부지불식간에 나쁜 돈의 유혹에 빠져들 수 있다. 많은 사람들이 정말로 힘든 일을 참아내면서 성장한다. 스스로 믿고 즐기는 일이라서 그렇다. 우리는 부담스러운 상황에서도 능력을 증명해 보이는 걸 좋아한다. 우리의 프로젝트, 우리의 고객, 그리고 우리의 동료가 모두 우리를 다그친다. 우리는 일에 자신을 투자한다. 그러다 이 모든 일을 성취하기 위해서 일이 우리의 모든 관심을 요구한다고 생각하기 시작하고, 실제로도 많은 관심을 기울인다.

우리는 먼 휴양지에서도 회사로 전화를 건다. 사용해도 되는 휴가를 전부 다 쓰지 않을지도 모른다. 그냥 해야 할 일이 너무 많아서다. 일이 우리고, 우리가 일처럼 된다. 우리는 어디를 가도 스마트폰을 들고 다니면서 계속 뉴스를 확인한다. 항상 연결된 상태에 있지 않으면 정말로 중요한 뭔가를 놓쳐버리는 것 같다. 우리는 일정이 너무 빡빡한 나머지 절친한 사람들에게 많은 시간을 내줄 수 없다는 걸 그들이 이해해 주기 바란다. 그들 역시 결과적으로 우리가 성공하기를 바라는 것 아니겠는가? 친한 친구와 가족이 보내온 이메일과 전화에 답하는 걸 잊어버리는 자신을 발견한다. 예전에 우리에게 중요했던 그들의 생일이나 다른 기념일들을 무시하기도 한다.

불행하게도 미래를 위해 투자하다가 실패한 기업과 똑같은 전철을 우리도 밟는 것이다.

우리는 대부분 가족이나 친구들과 애정이 넘치는 돈독한 관계를 유지하려는 의도적 전략을 갖고 있다. 하지만 현실적으로 우리는 결코 바라지 않았을 것 같은 인생 전략에 투자한다. 그래서 많은 사람들과 얄팍하게 알고 지내지만 누구와도 깊은 우정을 쌓지 못하고, 어떤 경우 여러 차례 이혼을 하고, 아이들은 집에서 부모로부터 소외되고 있다고 느끼거나 수천 마일 떨어진 곳에서 양부모의 손에 양육되기도 한다.

그러나 우리는 시간을 되돌릴 수 없다.

몇 년 전, 이웃인 스티브는 항상 자기 회사를 경영해 보고 싶다고 말했다. 사회생활을 하면서 다른 사람을 위해 일했고, 다른 사람으로부터 배울 기회를 많이 가졌고, 매우 매력적인 보상을 받았지만, 자기 회사를 경영하고 싶다는 꿈을 포기하려고 하지 않았다. 그런데 그렇게 하려면 그는 비교적 간단한 실수들로부터도 회사를 키우는 방법을 배워야 했고, 오랫동안 일해야 했다. 그의 친구와 가족은 그의 뜻을 이해했다. 스티브는 자신만을 위해서가 아니라 가족을 부양하기 위해 사업을 한다고 생각했다.

그러나 가족을 등한시한 스티브는 결국 대가를 치렀다. 회사가 마침내 살아나려는 순간 그의 결혼 생활은 파탄이 났다. 이혼의 아픔을 추스르기 위해 형제와 친구의 도움이 필요할 때 비로소 그는 외톨이가 된 자신을 발견했다. 그동안 투자하지 않았던 것에서 뭔가를 얻고자 시도한 셈이었다. 그가 도움이 필요할 때 일부러 그를 떠난 사람은 없었다. 그들을 그토록 오랫동안 무시한 건 바로 스티브 자신이었다. 그래서 그들은 더 이상 그와 친하다고 느끼지 못했으며, 그의 인생에 끼어드는 걸 그가 자신을 방해하는 것처럼 여길까 봐 걱정했다.

스티브는 살던 집에서 나와서 소형 아파트로 이사했다. 두 딸이 찾아왔을 때 집이 마음에 들도록 하려고 노력했다. 이혼 전에는 그런 일을 전적으로 아내에게 맡겼지만 이제는 아이들과 함께 즐거운 시간을 보내기 위한 방법을 찾기 위해 열심히 애썼다. 그렇게 그는 힘든 싸움을 하고 있었다.

그런데 중학교에 진학할 무렵이 되자 아이들은 격주마다 법이 정한 권리에 따라 아버지와 함께 시간을 보낸다는 걸 썩 내켜하지 않았다. 아이들 입장에서는 아버지를 만나러 가려면 친구들과 어울리던 집에서 멀리 떨어진 아버지 집에 가야 했다. 아버지를 만나면 외식하거나 아버지의 일을 돕거나 영화를 보는 게 전부였다. 아이들은 곧 이런 일에 흥미를 잃었다. 스티브가 아이들과 함께 시간을 보내야겠다고 느끼는 동안 아이들은 가능하면 아버지를 만나러 가지 않는 길을 선택하기 시작했다.

스티브는 지금까지 걸어왔던 모든 시간을 되돌아보았다. 그는 우선순위를 다시 짜서 가족과 친구와의 관계가 도움을 주길 바라기 전에 미리부터 그 관계에 투자하지 못한 걸 후회했다. 스티브만 이런 경험을 한 건 아니다. 우리 모두 그와 같은 사람들을 알고 있다. 또 다른 많은 사람들이 나중에 스티브 같은 사람이 될까 봐 어느 정도 두려워한다. 1946년에 나온 영화 〈멋진 인생*It's a Wonderful Life*〉이 수십 년 동안 사람들 사이에서 그토록 큰 반향을 일으킨 데는 그만한 이유가 있다. 주인공 조지 베일리George Baily의 인생 암흑기에 가장 중요한 건 그가 그동안 투자했던 많은 개인적 관계였다. 영화가 끝날 무렵, 그는 가난하지만 친구들 덕분에 인생이 풍요로워졌다는 걸 인정한다. 우리는 모두 인간관계만큼은 조지 베일리처럼 되기를 원하지만, 사는 동안 친구와 가족들과의 관계에 투자하지 않는다면 그렇게 되지 못할 것이다.

누구든 사는 게 바쁘다는 핑계로 뜻하지 않게 신경을 쓰지 않고 있는 친구 관계가 있을 것이다. 친구와 소원해지는 걸 아무렇지 않게 느낄 수 있는 사람은 거의 없다. 아무리 착하고 헌신적인 친구라도 시간이 지날수록 결국 자신에게 소원한 관계를 떠나 다른 곳에 시간과 에너지와 우정을 투자하기로 마음먹을 것이다. 그럴 경우 손해는 당신의 몫이다.

인생 말년에 사람들은 한때 자신에게 정말로 중요했던 친구나 친척들과 더 나은 관계를 유지하지 못한 걸 후회하곤 한다. 언뜻 인생이 관계 쌓는 것을 방해한 것처럼 보이기도 하는데, 사실상 이 같은 일이 일어나게 된 건 자기 자신 때문이며 그렇게 함으로써 스스로 입는 피해는 엄청날 수 있다. 건강상 문제나 결혼이나 실업 같은 힘든 일을 겪어도 동정이나 다른 식의 도움을 줄 사람이 주변에 아무도 없는 사람들이 정말로 많다.

그들은 세상에서 가장 외로운 장소에 혼자 남은 듯한 느낌을 받을 것이다.

인생 투자의 순서 정하기

높은 잠재력을 지닌 젊은 전문가들이 저지르는 이런 식의 잘못 중에서 가장 평범한 것은 인생의 투자 순서를 정할 수 있다는 믿음이다. 예를 들어 '우리 아이들이 어릴 때는 내 일에 투자할 수 있고, 양육은 그렇게 중요해 보이지 않는다. 아이들이 조금 더 커서 어른들 일에 관심을 보이기 시작할 때면 내 일도 알아서 잘 굴러갈 것이기 때문에 일에 얽매여 살지 않아도 된다. 그때부터 내 가족에 전념하겠다'라는 식의 논리이다.

그런데 막상 아이들에게 전념하기로 결심한 때가 되면 이미 게임은 끝나고 만다. 아이들에 대한 투자는 그때보다 훨씬 더 이전에 해야 했다. 후회하기 훨씬 전에 해야만 앞으로 다가올 인생의 도전들을 극복하는 데 필요한 도구들을 얻을 수 있기 때문이다.

아이가 태어난 직후 몇 달 동안이 아이의 지능 발전에 얼마나 중요한지를 보여주는 중대한 연구 결과들이 속속 등장하고 있다. 내가 공저한 《파괴적 의료혁신*Disrupting Class*》에서 설명한 대로 두 연구원인 토드 리슬리Todd Risley와 베티 하트Betty Hart는 출생 후 첫 2년 반 동안 아이와 부모가 나누는 대화가 아이에게 미치는 영향을 연구했다.

그들은 부모와 아이 사이의 모든 상호작용을 세심하게 관찰하고 기록한 결과 부모가 평균적으로 영아들에게 시간당 1,500개의 단어를 말한다는 걸 알아냈다. 대학을 나온 부모처럼 종종 '말이 많은' 부모는 아이들에게 평균 2,100개의 단어를 말했다. 반면에 말수가 적고 종종 가방끈이 짧은 부모는 평균 시간당 600개의 단어를 말했을 뿐이다. 태어난 후 첫 30개월 동안 아이가 들은 단어를 합쳐 보면, '말이 많은' 부모 밑에서 자란 아이는 4,800만 개의 단어를 들은 것으로 추정되나, '말을 아끼는' 부모 밑에서 자란 아이는 불과 1,300만 개의 단어를 들었을 뿐이라는 추정치가 나온다. 연구원들은 아이들이 단어를 듣기에 가장 중요한 시기는 생후 1년 동안이라고 주장했다.

리슬리와 하트는 아이들이 학교생활을 끝마칠 때까지 추적 조사했다. 그 결과, 아이가 생후 30개월 동안 들은 단어 수는 학생이 되어 치르는 어휘력과 독서 이해력 시험 결과와 강력한 상관관계가 있었다.

또한 부모가 아이에게 하는 말의 내용이 중요한 게 아니었다. 그보다 부모가 아이에게 말을 거는 방식이 중대한 영향을 미쳤다. 연구원들은 관찰을 통해 부모와 아이들 사이에 두 가지 다른 종류의 대화가 존재한다는 걸 알아냈다. 그중 하나는 그들이 '비즈니스 언어business language'라고 부르는 것으로, "낮잠 잘 시간이다", "자동차 타러 가자", "우유 끝까지 마셔라" 같은 말들이다. 이런 말은 풍부하고 복잡하기보다는 단순하고도 직설적이다. 리슬리와 하트는 이런 종류의 대화들이 인지적 발달에 제한적인 영향만을 준다고 결론을 내렸다.

반면에 부모가 아이와 얼굴을 맞대고 일대일로 대화를 나누되, 수다스러운 성인과 대화를 나누듯이 완전히 어른이 쓰는 섬세한 언어를 사용할 경우 아이의 인지적 발달에 미치는 영향은 엄청났다. 연구원들은 이처럼 더욱 풍부한 상호작용을 '언어 춤language dancing'이라고 불렀다. 언어 춤은 생각하는 것을 수다스럽고 시끄럽게 떠들고, 아이가 하는 일과 부모가 하거나 계획하는 일에 대해 말하는 걸 뜻한다.

예를 들어 "오늘 파란색 셔츠와 붉은색 셔츠 중에 어떤 셔츠를 입고 싶니?", "오늘 비가 올 거라고 생각하니?", "내가 잘못해서 네 병을 오븐에 넣었던 때를 기억하니?" 등이다. 아이에게 "만일 ~면"과 "기억하니?"와 "만일 ~하면 좋지 않을까?"처럼 아이 주변에서 일어나는 일에 대해 깊이 생각해 볼 수 있게 유도하는 질문을 던지는 것이다. 그런 질문은 아이가 현재 받은 질문을 이해하고 있다고 부모가 실제로 기대하기 전부터 이미 아이에게 중대한 영향을 미친다.

정리하자면 부모가 특별히 말이 많을 때 아이 두뇌의 시냅스 경로 가운데 더 많은 부분이 훈련되고 다듬어진다. 시냅스는 두뇌에서 신호가 하나의 신경 세포로부터 다른 신경 세포로 이동하는 접합부를 말한다. 간단히 말해서 두뇌의 시냅스들 사이에 더 많은 통로들이 생길수록 더 효과적인 연결이 형성된다. 이는 이후 사고 패턴을 더 쉽고 빠르게 만들어준다.

이러한 연구 결과가 시사하는 바는 매우 중요하다. 태어난 후 첫 3년 동안에 4,800만 개의 단어를 들은 아이는 불과 1,300만 개의 단어를 들은 아이에 비해서 두뇌 속에 3.7배 더 부드럽게 연결되는 부분들이 생긴다. 뇌세포에 미치는 영향도 엄청나다. 각각의 뇌세포가 최대 1만 개의 시냅스만큼 다른 수백 개의 세포들과 연결될 수 있다. 이는 다시 말해서 더 많은 대화에 노출된 아이들이 거의 계산하기 힘들 정도로 인지적 이점을 갖는다는 뜻이다.

더군다나 리슬리와 하트의 연구 결과는 소득이나 민족성이나 부모의 교육 수준이 아니라 언어 춤이 이런 인지적 이점을 만드는 열쇠라는 것을 보여준다. 두 연구원은 이렇게 말했다.

"노동자 계급에 속하는 가난한 사람들이 아이들에게 많은 말을 걸었을 때 아이들이 정말로 말을 잘했고, 반대로 부유한 기업인들이 아이들에게 거의 말을 걸지 않았을 때 아이들은 정말로 말을 못했다. (중략) 이런 모든 결과의 차이는 가족 내에서 만 3세가 되기 전 아기에게 거는 말의 양에 따라서 결정이 났다."

강력한 어휘력과 인지력으로 무장한 취학 아동은 처음부터 학교에서 좋은 성적을 거두기 시작해서 장기간 동안 좋은 성적을 이어나간다. 약간의 투자가 그토록 엄청난 결과를 얻을 수 있는 잠재력을 갖는다는 것만으로도 정말로 놀랍다. 그런데 많은 부모들은 아이들이 학교에 들어갈 때부터 학습 능력에 집중하기 시작하면 된다고 생각한다. 하지만 그때가 되면 부모들은 아이들이 크게 발전할 수 있는 거대한 기회를 벌써 놓쳐버린 셈이다.

이러한 연구 사례는 친구관계와 가족관계에 대한 투자가, 그 투자가 효과적이라는 신호가 등장하기 훨씬 전부터 이루어져야 한다는 것을 보여주는 많은 사례 가운데 하나에 불과하다.

당신이 가진 시간과 에너지를 관계에 투자할 필요를 느낄 때까지 투자를 미룬다면 이미 너무 늦어질 것이다. 사회생활에서 어느 정도 성공 가도에 들어설 무렵이면, 누구라도 이와 같은 유혹에 빠져 개인 관계에 대한 투자를 미뤄도 된다고 생각한다. 그래서는 안 된다. 당신 인생에서 관계가 결실을 맺게 만드는 유일한 방법은 필요를 느끼기 전에 먼저 투자하는 것이다.

나는 가족과 친구들과의 관계가 인생에서 가장 위대한 행복의 원천 중 하나라고 진심으로 믿고 있다. 이 말이 단순해 보일지는 몰라도, 어떤 중요한 투자와 마찬가지로 인간관계들은 지속적인 관심과 배려가 필요하다.

그런데 계속해서 관계에 관심과 배려를 투자하지 못하게 막는 두 가지 힘이 존재한다.

첫째, 우리는 자원을 더 즉각적인 결과를 안겨다줄 다른 곳에 투자하고 싶은 유혹을 느낀다. 둘째, 가족과 친구들은 우리에게 관심을 달라고 큰 소리로 외치는 법이 좀처럼 없다. 그들은 우리를 사랑하지만 또한 우리의 사회생활을 도와주고 싶어 한다.

이런 상황이 지속되다 보면 결국 우리는 이 세상에서 가장 관심을 가져야 하는 사람들을 무시하기에 이른다. 좋은 돈과 나쁜 돈 이론은, 행복을 가져다줄 인간관계를 구축하는 데 시계가 애초부터 작동되고 있다는 걸 보여준다. 관계를 육성하고 개발하지 않는다면, 우리가 인생에서 중요한 도전적 시간을 극복해야 할 때 사람들은 우리를 도와주거나 인생에서 가장 중요한 행복의 원천 가운데 하나로서 우리 곁에 머물지 않을 것이다.

상대를 이해하고 헌신하는가

●●●●●● 기업이 잘못된 시각을 갖고 발전해 온 탓에 실패하는 제품이 많다. 기업은 고객이 정말로 원하는 것보다는 고객에게 팔고 싶은 것에 과도하게 집중한다. 이때 놓치는 게 감정이입이다. 즉 고객이 해결하고자 하는 문제를 깊이 이해하지 못한다. 우리의 관계도 마찬가지이다. 우리는 타인에게 중요한 것보다는 우리가 원하는 것을 더 생각하면서 관계를 맺는다. 타인과 깊은 관계를 맺기 위한 강력한 방법은 이런 시각을 바꾸는 것이다.

이케아를 고용하다

세계적인 저가 가구업체인 이케아를 모르는 사람은 거의 없을 것이다. 이케아는 눈부시게 성장했다. 이 스웨덴 회사는 지난 40년 동안 전 세계에 매장을 내면서, 250억 유로가 넘는 매출을 올렸다. 잉그바르 캄프라드Ingvar Kamprad 이케아 설립자는 세계 최고 부호 중 한 사람이다. 구매자가 직접 조립해야 하는 저렴한 가구를 파는 가구업체치고 나쁜 성적표는 아니다.

지난 40년 동안에 이케아를 모방한 기업이 없다는 사실이 흥미롭다. 잠시 그 이유를 생각해 보자. 이케아는 수십 년간 대규모 흑자를 기록했다. 무슨 엄청난 사업 비결이 있어서도 아니다. 이케아와 경쟁하고자 하는 기업인들은 누구나 이케아 매장을 둘러보거나, 제품이나 카탈로그를 모방하면 되지만 아직까지 누구도 그렇게 하지 못했다.

이유는 무엇일까?

이케아의 전체 사업 모델(쇼핑 경험, 매장의 레이아웃, 제품 설계와 포장 방법)은 여느 가구 매장과 매우 다르다. 대부분 소매상들은 세분화된 고객이나 제품을 중심으로 조직된다. 이어 고객 기반은 연령, 성, 교육 혹은 소득 수준 같은 인구통계 목표에 따라서 나눠진다. 가구 소매업 분야에선 지난 몇 년 동안 저소득층 사람들에게 저가의 가구를 팔아 유명해진 레비츠 퍼니처Levitz Furniture 같은 매장들이 등장했다. 혹은 부자들을 상대로 콜로니얼 양식colonial style(17~18세기 영국, 에스파냐, 네덜란드 등이 정복한 식민지에서 성했던 건축·공예 양식. 본국인 유럽풍에 식민지 특질이 더해졌다—옮긴이) 가구를 팔아 유명해진 이튼 알렌Ethan Allen도 두각을 나타냈다. 그밖에도 도시 거주자들을 위한 모던 가구를 파는 매장, 기업용 가구 전문 매장 등 여러 종류의 다른 사례들도 있다.

이케아는 이들과 완전히 다른 전략을 썼다. 특정 고객이나 제품 중심이 아닌, 고객들이 정기적으로 완수해야 하는 일을 중심으로 전략을 세웠다.

여기서 말하는 '일'이란 무엇일까?

나와 내 동료들은 지난 20년 동안 혁신에 대해 연구하면서 마케팅과 제품 개발 혁신 이론을 개발했다. 우리는 이것을 '해야 할 일job to be done 이론'이라고 부른다. 이런 사고방식에는 어떤 제품이나 서비스의 구매는 사실 우리가 일하기 위해 제품을 '고용hire'하는 것과 같다는 통찰이 깔려 있다. 무슨 말일까?

우리는 특정한 인구통계학적 세분화(마케팅에서의 인구별 시장 구분)에 맞춰서 인생을 살지 않는다. 즉, 누구도 자기가 대학을 졸업한 35세 이하의 백인 남성이라서 어떤 제품을 사지는 않는다. 그런 수치가 이 제품이 아니라 저 제품을 선택하는 것과는 관련이 있을지 몰라도 우리가 어떤 것을 사게 만드는 원인은 아니다. 오히려 우리는 인생에서 할 일이 생겼다는 걸 깨닫고서야 움직인다. 곧 그 일을 해야 할 방법을 찾는 중에, 어떤 기업이 그 일을 대신해 줄 수 있는 제품이나 서비스를 개발했다면 우리는 일을 하기 위해 그 제품이나 서비스를 사거나 고용한다. 그러나 돈을 주고도 그 일을 잘할 수 있는 걸 살 수 없으면 그 일을 최대한 잘하거나 차선의 방법을 개발하기 위해서 이미 갖고 있는 걸 찾아본다. 우리가 제품을 사게 만드는 메커니즘은 '내게는 끝내야 할 일이 있으며, 이것이 내가 그 일을 하는 걸 도와줄 것이다'라는 생각이다.

우리 아들 마이클은 최근 그의 인생에 벌어진 새로운 일을 위해 이케아를 '고용'했다. 이 사건은 내가 이케아의 성공 비결을 이해할 수 있게 도와주었다. 학생이었던 마이클은 몇 년 동안 적은 용돈을 아껴 쓰며 살다가 새로운 도시에서 새로운 고용주와 함께 일을 시작했다. 그는 내게 전화를 걸어서 "아버지, 내일 아파트로 이사하는데 가구를 들여놓아야 해요"라고 말했다.

그때 마이클과 내 머릿속에는 동시에 한 가구 브랜드 이름이 생각났는데, 바로 이케아였다.

이케아는 인구통계학적으로 특별하게 정의된 소비자 집단을 상대로 특정한 유형의 가구를 파는 데 집중하지 않는다. 그보다는 많은 소비자들이 홀로 혹은 가족과 같이 새로운 환경에서 자리를 잡을 때 자주 겪는 일에 집중한다. 예를 들어 모레부터 회사에 출근해야 해서 내일 당장 이곳에 가구를 들여놓아야 하는 일 말이다. 경쟁사들은 이케아의 제품을 모방할 수 있다. 심지어 이케아 매장의 레이아웃도 모방할 수 있다. 그러나 누구도 이케아의 제품과 레이아웃 통합 방식을 모방하지는 못했다.

이런 통찰력 있는 조합은 쇼핑객들에게 단번에 재빨리 모든 일을 끝낼 수 있게 해준다. 고객이 30분 걸려서 가야 하는 외곽에 매장을 연다는 게 반직관적인 것처럼 보일 수 있어도, 사실 사람들이 한 차례의 여행으로 필요한 모든 일을 하기 훨씬 더 쉽게 만들어준다. 외곽에 자리를 잡는 결정 덕분에 이케아는 항상 가구 재고를 확보해 놓을 수 있는 더 큰 매장을 세울 수 있다.

이케아는 아이들이 안전하게 보호를 받으면서 뛰어놀 수 있는 공간도 갖춰놓았다. 아이가 곁에서 징징대면 사고자 했던 걸 잊어버리거나 서둘러 구매를 결정해야 하므로 부모 입장에서 이런 공간은 중요하다. 배가 고프다 해도 이케아 건물 안에 있는 식당을 이용하면 되니 매장을 떠날 필요도 없다.

이케아 제품들은 모두 평평하게 포장이 되어 자동차로 빨리, 쉽게 제품을 싣고 귀가할 수 있다. 너무 물건을 많이 사서 자동차에 다 싣지 못할 경우 이케아의 당일 배달 서비스를 이용하면 된다. 이처럼 이케아는 고객에게 많은 독창적 혜택을 제공한다.

사실상 이케아가 이렇게 일을 잘하기 때문에 이케아와 이케아 제품에 상당한 충성심을 보이는 고객들이 많다. 마이클도 이케아의 열혈 고객들 중 한 사람이다. 새 아파트나 방에 배치할 가구가 필요할 때면 언제나 이케아가 그 일을 완벽하게 도와줄 것임을 안다. 친구나 가족에게 똑같은 할 일이 있을 때 마이클은 이케아가 다른 가구 매장에 비해 왜 그 일을 잘하는지를 설명해 줄 것이다.

기업은 사람들의 일상생활 속에서 생기는 일을 이해하고, 그 일을 완벽하게 수행하기 위한 제품을 개발하고, 아울러 그 제품을 구매하고 사용하는 데 필요한 경험을 개발해야 한다. 그러면 고객들은 일이 생길 때마다 본능적으로 그 제품을 자신의 생활 속으로 끌어당길 것이다. 그러나 기업이 다른 어떤 기업들도 만들 수 있고, 하는 일은 많지만 딱히 잘하는 일이 없는 제품을 만든다면 고객은 좀처럼 그 제품에 충성하는 법이 드물다. 고객들은 설령 그 제품을 가져왔더라도 다른 제품이 나오는 순간 당장 바꿀 것이다.

더 싸게? 더 맛있게?
더 듬뿍?

해야 할 일 이론은 내가 몇몇 친구들과 함께 어느 대형 패스트푸드 레스토랑을 대상으로 실시한 프로젝트에 적용되었다. 이 회사는 밀크셰이크 판매량을 늘리려고 애쓰고 있었다. 회사는 이미 이 문제 해결을 위해서 몇 달 동안 연구했다. 전형적인 밀크셰이크 소비자 프로필에 맞는 고객들을 데리고 와서 여러 가지 질문을 퍼붓기도 했다. "밀크셰이크 품질을 어떻게 개선해야 사람들이 우리 밀크셰이크를 더 많이 사먹고 싶을까요?"나 "초콜릿을 더 많이 넣을까요, 더 싸게 팔까요, 더 양을 늘릴까요?" 같은 질문이었다. 회사는 모든 피드백을 받은 다음에 그것을 반영해서 밀크셰이크 품질 개선에 나섰다. 결과적으로 회사는 밀크셰이크 품질을 개선하기 위해 부단히 애썼지만 판매나 수익에는 전혀 영향이 없었다. 회사는 당황했다.

그때 내 동료인 밥 모에스타Bob Moesta가 밀크셰이크 문제에 대해 180도 다른 시각을 제시했다. 그는 사람들이 일상생활 속에서 '밀크셰이크'를 '고용'하기 위해 레스토랑에 오는 이유가 무엇인지, 곧 사람들로 하여금 평상시에 밀크셰이크를 먹기 위해 레스토랑을 찾게 만드는 요인이 무엇인지 궁금해했다.

이것은 문제를 다른 각도에서 바라보는 흥미로운 시도였다. 동료들은 몇 시간에 걸쳐 레스토랑에 서서 아주 신중하게 정보를 수집했다. 사람들이 밀크셰이크를 사러 오는 시간, 그때 입고 있는 복장, 혼자서 오는지, 밀크셰이크와 더불어 다른 음식을 사는지, 레스토랑에서 먹는지 아니면 테이크아웃을 해서 차를 타고 떠나는지 등을 알아봤다.

놀랍게도 밀크셰이크들 중 거의 절반 가까이가 이른 아침에 팔린 것으로 드러났다. 이렇게 아침에 밀크셰이크를 산 사람들은 거의 항상 혼자 레스토랑에 들렀다. 그들은 대부분 자동차를 타고 와서 밀크셰이크만을 사서 갔다.

그들이 무슨 일을 하려고 밀크셰이크를 고용하는지 알아보기 위해 우리는 다시 레스토랑으로 갔다. 이번에는 레스토랑 밖에 서서 손에 밀크셰이크를 들고 레스토랑을 나서는 사람들의 모습을 살폈다. 우리는 사람들이 레스토랑에서 나올 때 한 사람씩 붙잡고, "죄송하지만, 밀크셰이크를 갖고 무슨 일을 하려는지 말씀해 주실 수 있습니까?" 하고 물었다.

그들이 대답하느라 애를 먹을 때 우리는 "음, 지금과 똑같은 상황에서 이곳에 밀크셰이크를 사러 오지 않았던 때가 언제였는지 생각해 보세요. 그때 무엇을 샀습니까?" 하고 물었다. 그들은 바나나, 도넛, 베이글, 막대 사탕 같은 대답을 내놓았다. 그러나 분명 밀크셰이크를 제일 좋아했다.

이렇게 얻은 대답들을 모아 정리했다. 그러자 이른 아침 레스토랑을 찾는 고객들이 해야 할 일은 모두 똑같다는 게 분명해졌다. 그들은 장시간 지루하게 출근해야 했다. 지겹지 않게 출근하려고 운전하는 동안 뭔가 할 일이 필요했다. 정말 배고픈 건 아니었지만, 한두 시간 후 아침나절이 되면 배에서 꼬르륵 소리가 들릴 것이다. 한 사람은 배고픔을 달래는 일을 하려고 밀크셰이크 외에 가끔 바나나를 먹는다고 대답했다. 그러나 그는 "이건 정말인데, 바나나로는 안 돼요. 바나나는 너무 빨리 소화가 돼서 금방 배가 고파지거든요"라고 덧붙였다. 또 다른 사람은 도넛은 너무 잘 뭉개지고, 손가락에 끈적끈적한 게 달라붙어서 먹으며 운전하면 옷과 운전대가 더러워진다고 불평했다. 대신 베이글을 먹을 때는 건조하고 맛이 없는 베이글에 크림치즈와 잼을 발라 먹으려고 양 무릎을 모으고 운전해야 하는 불편이 뒤따른다는 것이 통상적인 불만이었다. 또 어떤 사람은 우리가 쓰는 언어를 써서 이렇게 실토했다. "스니커즈 초콜릿을 '고용'한 적이 있었어요. 그런데 초콜릿을 아침 식사용으로 먹는다는 것에 아주 큰 죄책감을 느껴서 이후로 다시는 먹지 않았지요."

반면 밀크셰이크는 어떤가? 많은 선택 중에서 최고의 선택이었다. 가느다란 빨대를 사용해서 걸쭉한 밀크셰이크를 빨아 마시는 데는 오랜 시간이 걸렸다. 게다가 아침나절 찾아오는 배고픔의 공격을 막을 수 있을 만큼 포만감도 충분했다. 우리가 만난 어떤 사람은 이런 말도 했다. "밀크셰이크는 아주 걸쭉하기 때문에 조그만 빨대로 마시느라 20분은 족히 걸립니다. 그 안에 뭐가 들었는지 누가 신경이나 쓰나요. 나도 안 씁니다. 다만 제가 아침에 (그걸 먹고) 포만감을 느낀다는 건 확실합니다. 그리고 밀크셰이크는 자동차 컵홀더에도 쏙 들어갑니다." 그러면서 그는 밀크셰이크를 들고 있지 않은 빈손을 들어 올렸다.

우리가 조사한 레스토랑에서 파는 밀크셰이크는 다른 경쟁자들에 비해 더 일을 잘하는 것으로 드러났다. 고객들은 그 밀크셰이크가 다른 체인점에서 파는 밀크셰이크뿐만 아니라 바나나, 베이글, 도넛, 스니커즈, 커피 등과 비교해도 더 일을 잘하는 것처럼 느꼈다.

이런 조사 결과는 패스트푸드 체인점에는 획기적 통찰에 해당했지만, 이것을 찾아냈다는 것만으로 모든 게 끝난 건 아니었다. 우리는 똑같은 밀크셰이크가 오후에는 오전과는 다른 일을 하기 위해 고용됐다는 걸 알아냈다. 출근자들과 달리 오후와 저녁에 밀크셰이크를 사러 오는 사람들은 일반적으로 아버지들이었다. 일주일 내내 아이들에게 "하지 마"라고 무수히 말해 왔던 사람들이었다. 그들에겐 갖고 놀 새로운 장난감도 없다. 또한 늦게까지 잠을 안 잘 수도 없고, 애완견도 키울 수 없다.

나 역시 그런 아버지들 중 한 사람이었으며, 그런 상황 속에서 해야 할 일이 있었다는 걸 기억했다. 나는 내가 친절하고 사랑스러운 아버지 같은 기분을 느끼기 위해서 아이들에게 "그렇게 해라"라고 말할 수 있는 무해한 뭔가를 찾고 있었다. 그래서 아들과 함께 레스토랑 앞에서 줄을 서서 내 식사를 주문한다. 이어 아들 스펜서는 자기가 먹을 걸 주문한 뒤, 나를 물끄러미 올려다보면서 "아빠, 밀크셰이크도 마셔도 돼요?"라고 묻는다. 그때 비로소 내가 아들에게 "그렇게 하렴"이라고 말하며 뿌듯해 할 수 있는 순간이 도래한 것이다. 나는 고개를 숙이며, 아들의 어깨 위에 손을 올려놓고 "물론이지, 아들아. 밀크셰이크 먹어도 되지"라고 말한다.

그런데 레스토랑에서 밀크셰이크는 이런 일을 전혀 잘하지 못한 것으로 드러났다. 아버지와 아들이 앉아 있는 테이블의 모습을 관찰했는데, 보통 나와 같은 아버지들이 먼저 식사를 끝내면 이어 아들들이 식사를 끝냈다. 그런 다음에 아들들은 걸쭉한 밀크셰이크를 마셨는데, 조그만 빨대로 빨아먹으려니 한평생 걸렸다.

아버지들은 아들들이 장시간 동안 좋은 기분을 유지하게 해주기 위해 밀크셰이크를 고용한 건 아니었다. 좋은 아빠가 되려고 고용했을 뿐이다. 처음에 아버지들은 아들이 안간힘을 쓰며 밀크셰이크 먹는 것을 인내심을 갖고 기다린다. 그러나 어느 정도 시간이 흐르면 조바심을 내며 "아들아, 미안하지만 밤새도록 마실 수는 없잖니"라고 말한다. 그들은 반쯤 마신 밀크셰이크를 휴지통에 던져버리고 자리를 뜬다.

패스트푸드 체인점 쪽에서 "그렇다면 교수님, 밀크셰이크를 어떻게 개선하면 더 많이 팔릴까요? 더 걸쭉하게 만들까요, 아니면 더 달거나 크게 만들까요?"라고 묻는다면 나는 뭐라고 대답해야 할지 모르겠다. 결론적으로 사람들은 두 가지 근본적으로 아주 다른 일을 하기 위해서 밀크셰이크를 고용하기 때문이다. 따라서 패스트푸드 체인점들이 밀크셰이크를 가장 많이 사는 경향을 보이는 45세부터 56세까지 인구통계학적으로 세분화된 집단의 응답들을 평준화한다면 두 가지 중에 아무 일도 하지 못하는 획일적인 밀크셰이크 제품 개발로 이어질 것이다.

이와 달리 밀크셰이크가 두 가지 다른 일을 수행하기 위해서 고용됐다는 걸 이해한다면 개선 방법이 분명해진다. 오전 일은 보다 끈적거리는 밀크셰이크를 필요로 한다. 빨아먹을 때도 시간이 더 걸려야 한다. 밀크셰이크 안에 과일을 썰어 넣어도 되지만, 고객이 밀크셰이크를 건강상 이유로 사먹는 건 아니니 마시는 즐거움을 높여주려고 넣는 것이다. 아침 고객들은 출근 시간을 무료하지 않게 보내려고 밀크셰이크를 고용한다. 그렇다면 밀크셰이크 제조 기계를 카운터 뒤에서 앞으로 끄집어낸 뒤 선불 전자카드 계산기를 설치해서 출근하는 사람들이 굳이 계산하기 위해 줄서지 않고도 얼른 밀크셰이크를 받아서 떠날 수 있게 해주는 것도 좋은 방법이다.

오후에 부모로서 좋은 기분을 느끼게 만드는 일은 이와 근본적으로 다르다. 아마도 오후의 밀크셰이크 크기는 오전 것의 반으로 줄여야 할지 모른다. 또한 더 빨리 마실 수 있게 덜 걸쭉하게 만들어야 할 수도 있다.

이처럼 모든 상황에 맞는 한 가지 정답 같은 건 없다. 따라서 우리는 고객이 원하는 것이 무엇인지를 이해하는 일부터 시작해야 한다.

부모를 행복하게 한 제품

한 발명가가 자신이 고안한 카드 게임 아이디어를 갖고 뉴햄프셔 주에 있는 빅아이디어그룹Big Idea Group을 찾아갔다. 사실 회사 CEO인 마이크 콜린스Mike Collins는 그 게임이 팔릴 거라고 생각하지 않았다. 그러나 발명가를 그냥 돌려보내지 않고 "이 게임을 만든 동기가 무엇입니까?"라는 질문을 던졌다. 그러자 발명가는 그가 개발한 게임이 왜 팔릴 수밖에 없는지를 설명하기보다는 자신의 인생에서 여러 번 생긴 어떤 문제에 대해 이야기했다.

"저는 자식을 세 명 두고 있고, 아주 힘든 일을 하고 있습니다. 퇴근 후 집에 가서 저녁 식사를 하면 오후 8시가 되는데 아이들은 잠자리에 들 때입니다. 우리는 함께 즐거운 시간을 가진 적이 없었습니다. 제가 뭘 하면 될까요? 제겐 우리 가족이 15분 동안 같이 준비하고, 놀고, 치울 수 있는 재미있는 게임이 필요합니다."

아하! 이것은 발명가의 인생에서 일주일에 최소 다섯 차례씩은 해야 할 일이었다.

콜린스는 발명가 아버지가 만든 게임이 평범하다고 느꼈지만 해야 할 일로부터 귀중한 통찰을 얻었다. 수백만 명의 바쁜 부모들은 매일 저녁 똑같은 문제로 고민한다는 것. 발명가가 하려던 일의 발견은 '12분 게임12 Minute Games'을 탄생시켰다. 어린이의 순발력과 전략적 사고력 발달에 도움을 주는 이 게임은 큰 성공을 거두었다. 발명가 아버지가 수백만 명의 부모들에게 중요한 일을 해주는 게임을 창조할 수 있는 통찰력을 지녔던 건 그가 실제로 문제를 겪었기 때문이다.

명시적으로건 묵시적으로건 모든 성공 제품이나 서비스는 해야 할 일을 해결할 목적으로 설계되었다. 사람들은 어떤 일을 해결하기 위해서 제품이나 서비스를 구매한다. 누군가가 흥미롭긴 하지만 고객들에게 일을 어떻게 해결해 줄지 직관적으로 그림을 그려주지 못하는 제품을 개발했다고 치자. 만약 그 제품이 고객들의 중요한 일에 맞게 변형되고 재설정되지 않는다면 성공하는 데 애를 먹을 것이다.

약 4년 전에 나와 내 동료들이 실시한 임원 교육 프로그램에 참석했던 V8 채소 주스 제조업체의 이야기다. 그 회사는 사업을 획기적으로 성장시키기 위해서 이 같은 일 이론을 활용했다. V8은 여덟 가지의 서로 다른 채소 영양분을 제공하는 주스이다. 그런데도 V8 광고는 오랫동안 "와, V8 주스 먹고 싶다!"라는 후렴구를 써왔다. 사과 주스, 소프트드링크, 게토레이 등과 같은 청량음료를 대체하는 상품으로 판매됐던 것이다. 그러나 다른 청량음료들과 비교했을 때 실제로 V8를 더 선호한 고객은 소수에 불과했다.

V8 제조업체의 임원들은 나와 동료들이 '해야 할 일을 기준으로 제품과 세분 시장을 정의함으로써 얻는 장점'들을 주제로 쓴 논문을 읽고선, 주스 시장에서 해야 할 일이 있다는 걸 깨달았다. 그들은 분명 그 시장에서 채소 영양분을 제공한다고 하는, 훨씬 더 경쟁에 유리한 준비를 갖추고 있었다.

사람들은 대부분 독립할 때 엄마에게 건강을 유지하기 위해 채소를 먹겠다고 약속한다. 그러나 그 약속(일)을 지키기 위해서 신선한 채소를 고용할 경우, 껍질을 까고 자르고 깍둑썰기를 하고 채를 썬 다음에 삶거나 굽거나 다른 음식을 준비해야 한다. 그런데 이 모든 것들은 대부분 정말로 좋아하지 않는 채소를 먹기 위해 하는 일들이다.

V8 제조업체의 한 임원은 "즉 고객들은 V8 주스를 마시면 약간만 시간을 들여 노력해도 '엄마에게 섭취하겠다고 약속했던 모든 영양분을 얻게 되겠구나!'라고 생각할 수 있겠네요"라고 말했다.

V8 제조업체는 광고 내용을 V8이 어떻게 일일 채소 권장량을 제공하는지를 중점적으로 부각시키는 것으로 바꾸어 결과적으로 효과를 봤다. 그렇게 V8이 포지션 변경을 결심한 뒤 1년

동안 매출은 네 배가 늘어났으며, 비로소 V8의 진정한 경쟁제품인 먹기 불편한 채소와 경쟁할 수 있게 되었다.

일하기 위해 학교를 고용하기

우리는 부지불식간에 항상 사람들과의 상호작용에 '해야 할 일'의 사고방식을 활용한다. 예를 들기 위해, 미국 학교들이 개선에 안간힘을 쓰는 이유(이 이유는 《파괴적 의료혁신》에서 잘 설명해 놓았다)가 무엇인지를 이해하려고 실시한 연구 결과를 정리해 볼 생각이다. 이 연구를 통해 해결하려고 했던 주된 수수께끼 하나는 '배우려는 동기를 갖지 못한 것처럼 보이는 학생들이 왜 그렇게 많은가' 하는 문제였다. 기술, 특별한 교육 방법, 놀이, 현장 학습을 비롯해서 가르치는 방식을 많이 개선했지만 별다른 차이가 생기는 것처럼 보이지 않았다.

대체 어떻게 된 걸까? 이 질문에 대한 대답은, 학생들의 삶 속에서 학교가 해결하기 위해 고용된 일이 무엇인지를 이해하는 데서 찾을 수 있다.

그 결과, 학교에 가는 건 아이들이 해결하려고 애쓰는 일은 아니라는 결론에 도달했다. 학교는 아이가 일을 하기 위해서 고용할 수 있는 어떤 것이지만, 학교 자체가 일은 아니다. 아이들이 매일 해야 할 두 가지 기본적인 일은 성공했다는 느낌을 갖는 일과 친구를 사귀는 일이다. 아이들은 분명 이런 일들을 하기 위해 학교를 고용할 수 있다. 어떤 아이들은 교실이나 밴드나 수학 동아리나 농구팀에서 성공하고 친구를 사귄다. 그러나 성공했다는 느낌을 받고 친구를 사귀기 위해서 어떤 아이들은 학교를 자퇴하고, 폭력조직에 가입하거나 자동차를 타고 도로를 누비기도 한다.

일의 시각에서 보면, 학교가 이런 일을 전혀 잘하지 못한다는 게 아주 명확해진다. 사실상 학교는 대부분의 학생들이 실패했다는 느낌을 받도록 하는 쪽으로 설계되어 있다. 연구를 시작할 때는 학교에서 성공하는 아이들만 동기를 부여받는다고 가정했었으나, 나중에는 모든 학생들이 성공하려는 동기를 비슷하게 갖는다는 결론을 내렸다. 그런데 학생들 중에 오직 소수만이 학교를 통해서 성공했다는 느낌을 받는다.

실제로 패스트푸드 레스토랑이 고객들이 해결하려고 애쓰는 일과 무관한 부분에서 개선을 시도했듯이, 연구를 통해 학교도 학생들이 해결하려는 일과 무관한 부분을 개선하기 위해 애쓰고 있다는 걸 알았다. 학교는 아이들을 더 열심히 공부해야 한다고 설득시킴으로써 더 열심히 공부하게 동기를 부여할 수는 없다. 그보다는 아이들에게 그들이 성공했다고 느끼고, 친구들과 잘 사귀는 두 가지 일을 잘하도록 돕는 경험을 제공해야 한다.

학생들이 매일 성취감을 느낄 수 있게 커리큘럼을 설계한 학교들은 자퇴율과 결석률이 사실상 0퍼센트로 떨어졌다. 성공하기 위해 학생들은 어려운 내용도 통달하려고 열심히 애쓰며 성실하게 일을 끝마쳤기 때문이다.

당신이 고용된 이유는 무엇일까

직업적으로나 개인적으로 당신이 어떤 일을 하려고 고용됐는지 이해하고 있다면 엄청난 보상이 뒤따를 것이다. 여기에서 이론은 가장 중요한 통찰을 제시하는데, 이는 바로 당신이 고용된 가장 중요한 일 중 하나는 배우자가 되는 것이다. 나는 배우자로서 해야 할 일을 올바로 하는 게 행복한 결혼 생활을 유지하는 결정적 비결이라고 믿는다.

학생에 대한 연구를 통해서 배웠듯이 나는 이제부터 이런 생각의 틀이 결혼과 관계에 어떻게 영향을 줄 수 있는지를 설명하겠다.

앞에 나왔던 밀크셰이크 구매자들의 경우처럼, 당신과 당신의 아내가 각자 개인적으로 하려는 기본적인 일이 무엇인지를 항상 알 수는 없다. 아내가 남편을 고용해 끝내려는 기본적인 일도 역시 마찬가지이다. 일을 이해하기 위해서는 직관과 감정이입이란 중요한 재료가 필요하다. 당신은 아내의 처지에서뿐만 아니라 사실상 그녀의 인생에 서서 생각해 볼 수 있어야 한다. 여기서 무엇보다 중요한 건 당신의 배우자가 하려는 일은 종종 당신의 생각과 아주 다르다는 것이다.

모순되지만 많은 불행한 결혼들이 이타심을 토대로 하는 게 이런 이유 때문이다. 이타심은 상대방에게 주고 싶은 것이나, "여보, 날 믿어 봐. 이 최신 휴대폰이 당신 맘에 들 거야!"라고 말하며 배우자가 좋아할 거라고 단정하는 것을 주는 사람들로부터 나온다.

우리 대부분은 배우자의 인생에서 해야 할 일을 이해하기 위해 열심히 노력하기보다는 배우자가 원할지도 모르는 것을 쉽게 단정해 버린다. 다섯 살도 채 안 된 어린아이를 키우는 내 친구 스콧의 예를 들어 보겠다.

최근 어느 날 스콧은 퇴근 후 집에 돌아와서 아주 드문 광경을 목격했다. 식탁 위에는 아침에 사용했던 접시들이 그대로였고, 저녁 식사 준비는 전혀 시작도 되어 있지 않았다. 그는 힘든 하루를 보낸 아내 바바라에게 도움이 필요하다는 걸 즉시 알아차렸다. 그는 한 마디 말도 없이 소매를 걷어올려 접시를 닦고, 식사 준비를 시작했다. 그러는 도중에 바바라가 사라졌다. 스콧은 그냥 하던 일을 계속했다. 아이들에게 저녁을 먹이려는 찰나 문득 '바바라는 어디 간 거지?' 하는 생각이 들었다. 피곤하지만 자기 모습에 매우 만족한 스티브는 바바라를 찾으러 2층으로 올라갔다. 바바라는 2층 침실에 혼자 있었다. 그는 회사에서 지칠 대로 지쳤지만 퇴근해서 집안일까지 해준 것에 대해 바바라로부터 고맙다는 말을 들을 걸로 예상했다. 그러나 바바라는 스콧의 행동에 매우 황당해하고 있었다.

바바라는 물었다. "내가 그렇게 힘든 하루를 지냈는데 당신은 어떻게 날 그렇게 무시할 수 있어요?"

스콧은 충격을 받았다. 그는 단지 바바라를 위해 이 모든 일을 했을 뿐이었다. 그가 무엇을 잘못했던 것일까?

스콧은 대답했다. "내가 당신을 무시했다고? 나는 아침 식사 접시를 치우고, 부엌을 청소하고, 저녁을 준비하고, 그러면서 아이들에게 저녁을 먹이고 있을 뿐이야. 도대체 왜 당신은 내가 당신을 무시했다고 생각한 거지?"

지금까지 일어난 사태가 분명해졌다. 사실 스콧은 해야 할 중요한 일을 했다. 또한 바바라에게 필요하다고 생각한 일을 해주면서 이타적이 되려고 노력했다. 그러나 바바라는 그날 자신이 힘들었던 건 집안일 때문이 아니었다고 설명했다. 까다로운 어린아이들과 시간을 보내면서 어려움을 겪은 자신의 이야기를 온종일 다른 어른에게 토로할 수 없었던 게 힘들었던 것이었다. 그날 그녀에게 가장 필요했던 건 그녀를 배려하는 어른과 실제로 나누는 대화였다. 스콧이 한 일은 오히려 바바라가 스스로의 좌절한 모습에 죄책감과 분노를 느끼게 했을 뿐이었다.

스콧과 바바라 사이에 있었던 일들은 각 가정에서 매일 수차례 일어난다. 우리는 자신이 원하는 걸, 배우자도 똑같이 원하리라고 가정한다. 스콧은 힘든 직장생활을 잘 해낼 수 있게 도와줄 사람이 곁에 있기를 바랄지도 모른다. 그래서 집에 돌아왔을 때 바바라를 도왔다. 이렇듯 좋은 의도도 잘못 받아들여지기 쉽다. 남편은 자신이 이타적인 사람이지만 아내는 자기중심적이라 자기가 베푸는 모든 걸 알아주지 않는다고 확신할지 모른다. 또 반대의 경우도 성립한다. 그토록 많은 기업들의 고객과 마케터들 사이에서 벌어지는 상호작용도 이와 똑같다.

그렇다. 우리는 배우자들을 위해 온갖 일을 할 수 있다. 그러나 배우자가 가장 해야 할 필요가 있는 일에 집중하지 않는다면 부부 관계에서 행복을 찾다가 좌절과 혼란만을 겪을 것이다. 서로 노력하는 방향이 어긋날 때 그렇다. 그저 더 초콜릿향이 많이 들어간 밀크셰이크를 만들고 있을 뿐이다. 이런 문제가 결혼생활에서 바로잡기 가장 힘든 한 가지다. 좋은 의도와 깊은 사랑에도 불구하고 우리는 서로를 오해할 수 있다. 우리는 일상적인 허드렛일의 포로가 되고 소통은 오로지 누가 뭘 하고 있다는 것에만 집중되고 만다. 미리 여러 가지 일들을 섣불리 단정해 버리기도 한다.

'해야 할 일'이란 렌즈를 통해서 결혼을 연구한다면, 서로에게 가장 충실한 남편과 부인이란 상대방이 끝내기를 원하는 일을 이해한 사람들이지 않을까 싶다. 남편은 아내가 하기를 원하는 일이 뭔지를 제대로 이해하기 위해 애씀으로써 그녀와 더 깊은 사랑에 빠질 수 있다. 아내도 역시 남편이 그래 주기를 바랄 것이다.

반면 배우자가 내가 원하는 것을 주고 있는지 여부의 관점에서만 서로를 본다면 부부 사이는 이혼으로 이어질 수도 있다. 배우자가 내가 원하는 것을 주지 않는다면 그 사람과 헤어지고, 그렇게 해줄 수 있는 다른 이를 찾는 식으로 말이다.

전적인 희생과 뜨거운 헌신

이 소제목이 반직관적으로 보일지도 모르겠다. 나는 행복한 관계에 이르는 방법이 자신을 행복하게 만들어줄 거라고 생각하는 사람을 찾는 게 전부가 아니라고 확신한다. 마찬가지로 그 반대도 성립한다. 즉 행복에 이르는 길은 내가 행복하게 만들어주기를 원하는 사람, 그 사람의 행복을 위해서 내가 전력을 기울일 가치가 있다고 여기는 사람을 찾아내는 문제와도 관련이 있다는 말이다. 나와 아내가 깊은 사랑에 빠진 이유가 서로가 해야 할 일을 이해하고 그 일을 대신 해주어서라면, 나는 그런 헌신적 노력을 '공고히' 해주는 것이 아내가 성공하고 행복해지도록 돕는 나의 희생임을 깨달았다.

희생으로 우리의 헌신이 더 깊어진다는 원칙은 결혼에만 적용되는 건 아니다. 이 원칙은 가족과 친구들뿐만 아니라 조직과 심지어는 문화와 국가에도 모두 적용된다.

부연 설명을 위해서 소속 조직과 동료와 조국에 깊은 애착심을 보이는 해병대를 예로 들어 보겠다. 해병대 훈련은 많은 젊은 해병대원들에게 가장 힘든 도전 중 하나일지 모른다. 이 일은 해병대원들을 반쯤 죽여놓는다. 뿐만 아니라 대원들은 해병대와 동료들을 위해서 엄청난 희생을 감수한다. 그런데도 미국 전역을 돌아다니는 자동차 범퍼에는 '언제나 충성을Semper Fi'이라고 적힌 해병대 구호가 적힌 스티커가 심심치 않게 붙어 있다.

우리 딸 애니 역시 몽골에서 선교사로 봉사활동을 하면서 비슷한 경험을 했다. 애니가 몽골로 가기로 했다는 걸 알았을 때 남동생 스펜스는 몽골 여행 안내서를 가져다주었다. 안내서에는 황량한 그림과 함께 이런 설명이 있었다.

「몽골은 위대한 국가이다. 그러나 겨울에 방문하지는 않는 게 좋다고 생각한다. 기온이 영하 18도까지 내려가기 때문이다. 사실 여름에도 갈 것을 권유하지 않는다. 여름에는 기온이 섭씨 50도 위까지 올라간다. 그러나 특히 봄에 가서는 안 된다. 고비사막에서 모래 폭풍이 일어난다. 폭풍 속에 갇히면 자동차 도색과 피부가 벗겨질 정도다. 그 외에는 이 아름다운 나라에서 보내는 시간을 좋아할 것이다!」

아주 내키지는 않았지만 우리 가족은 애니를 몽골로 보냈다. 안내서에 나온 대로 애니는 가끔 끔찍한 경험을 했다. 이제 우리는 칭기즈칸이 왜 그렇게 남쪽으로 이동하려고 애썼는지를 이해하게 됐다. 몽골은 살기 힘든 나라이다. 기후 때문에 곡물과 채소를 키울 수 있는 곳이 몇 군데에 불과하다. 따라서 그곳 사람들은 거의 전적으로 말, 양, 야크, 염소로 만든 동물성 식품만을 먹어야 한다. 주식이나 간식 모두 마찬가지이다. 하지만 애니는 몽골에서 꼭 18개월을 머물면서 사람들을 가르치고, 그곳에서 만난 사람들이 더 나은 사람이 되도록 애썼다. 그녀가 평생 경험했던 가장 힘든 일 중 하나였다.

그런데 결국 어떻게 됐을까? 애니는 마음 절반을 몽골 사람들에게 평생 남겨놓고 왔다. 그리고 그때의 경험은 그녀가 교회를 위해 훨씬 더 헌신적 노력을 하게 만들었다.

한국이 아시아 최빈국 중 하나였던 시절, 젊은 나이에 나는 선교사로서 한국에 가서 봉사한 경험이 있다. 그래서인지 나는 한국과 놀랍도록 멋진 한국인들에게 애니가 몽골 사람들에게 느끼는 것과 정말로 똑같은 감정을 느낀다. 애니나 내가 몽골에서나 한국에서 한 일이 쉬웠기에 그곳 사람들에게 이처럼 강렬한 애착을 느끼는 건 아니다. 우리 자신의 많은 부분을 그들에게 내주었기에 이런 감정을 느끼는 것이다.

희생으로 우리의 헌신이 깊어지므로 나와 애니에게 교회가 그랬던 것처럼 우리가 희생하는 대상이 그런 헌신을 받을 만한 가치가 있는지를 확인하는 게 중요하다. 아마도 가족만큼 희생의 가치가 있는 건 없을지 모른다. 다른 가족 구성원들이 당신을 위해 희생해서가 아니라 당신이 다른 구성원들을 위해 희생해야 하기 때문이다. 이것이 깊은 우정과 성취감을 느끼는 행복한 가정과 결혼 생활에 꼭 필요한 토대라고 믿는다.

나는 처갓집에서 이런 믿음이 옳다는 걸 보여주는 사례를 처음으로 확인했다. 아내 크리스틴은 넉넉하지는 않았지만 사랑이 넘쳐나고 서로의 성공을 도우려는 욕구가 강했던 가정에서 열두 명의 형제 가운데 장녀로 성장했다. 그녀의 가족은 다른 식구를 위해 많은 걸 희생해야 했다. 따라서 이기심이 들어설 공간이 없었다. 많은 가정을 알고 있지만, 가족 구성원 각자에 대한 충성심이 처갓집을 넘어서는 경우를 본 적이 없다. 이 가족 구성원 누구의 인생에서 조금이라도 잘못된 일이 벌어진다면 말 그대로 모든 식구들이 이튿날에 실제로 도움을 주거나 도와줄 수 있는 방법을 적극적으로 찾기 위해서 모여든다.

나도 비슷한 경험을 한 적이 있다. 영국에서 학교를 다니던 시절에 아버지는 당신이 암에 걸리셨다는 걸 아셨다. 몇 달 후에도 분명 아버지의 상태는 호전되지 않았다. 나는 귀국한 다음 어머니와 식구들이 아버지를 간병하시는 걸 도왔다. 두 번 고민할 필요도 없었다. 내가 하지 않으면 안 되는 일이었다.

아버지는 거의 한평생 동안 ZCMI라는 백화점에서 일하셨다. 어렸을 때는 매주 토요일 백화점에 가서 아버지 일을 돕거나, 아니면 적어도 아버지를 돕고 있다고 느꼈다. 아버지는 내가 선반 재고를 정리하고, 라벨을 조심스럽게 앞으로 돌리고, 조그만 견과류와 양념 가방 무게를 재는 일을 도와주는 것처럼 느끼게 해주셨다. 사실은 아버지의 일을 방해하고 있었을 뿐이었지만, 나는 몇 년 동안 아버지 일을 도우면서 그 일에 대해 많은 걸 배웠다.

아버지가 마침내 그토록 몸이 아파 더 이상 일하실 수가 없게 되자 나는 아버지를 대신해서 백화점으로 일하러 갔다. 한 주 동안은 옥스퍼드에서 학생으로 열심히 공부했고, 다음 한 주 동안은 집에 와서 성탄절 상품을 백화점 선반에 쌓는 일을 했다. 당시 나는 그것이 희생이라고 생각하지 않았다. 단지 내가 해야 할 일이었을 뿐이다.

시간이 지난 지금 누군가는 내가 그때 일어났던 일을 억울해 했을지도 모른다고 생각할 수 있다. 그러나 그때 내가 아버지와 가족과 보낸 그 몇 달은 내 인생에서 가장 행복했던 시간 중 하나였다. 그들을 위해서 내 모든 인생의 계획을 연기했기 때문이다.

사랑하는 사람이 행복해지기를 원하는 건 자연스러운 일이다. 그런데 거기서 당신의 역할이 무엇인지 이해하기가 가끔 힘들 수 있다. 해야 할 일의 관점에서 자신의 관계에 대해 생각해 보는 건, 당신에게 가장 의미 있는 사람들에게 중요한 게 무엇인지를 이해하는 최선의 방법이다. 그런 생각은 진정한 공감대를 형성시킨다. '내 아내가(혹은 남편이), 내가 어떤 일을 해주기를 가장 바라는 걸까?'라고 자문해 보라. 분명 상황을 올바르게 분석하는 한편 제대로 생각하는 능력을 기를 수 있을 것이다.

이런 관점에서 주변 관계에 접근할 때 어떤 게 올바른 일인지 막연히 추측하는 것보다 그 대답이 훨씬 더 명확해질 것이다.

그러나 배우자가 당신이 해주기를 바라는 일을 이해하는 차원에서 한 걸음 더 나아가야 한다. 당신은 그 일을 실행해야 한다. 그 일에 시간과 에너지를 쏟고, 자신의 우선순위와 바람을 억누르고, 대신 다른 사람을 행복하게 해주기 위해서 필요한 것을 하는 데 집중해야 한다. 아이들과 배우자들에게도 그들이 우리에게 이처럼 헌신할 기회를 똑같이 주는 데 주저해서는 안 된다. 이런 방법을 쓰면 한 사람이 다른 사람을 위해서 뭔가를 분명히 포기하는 것이 되므로 관계에 억울함을 초래할 거라고 생각할지도 모르겠다. 하지만 실제로 해보면 정반대의 효과가 난다는 걸 알 수 있다. 가치 있는 뭔가를 위해 희생하면 그것에 더 강하고 깊게 헌신하게 될 것이다.

아이가 도전을 겪을 때 함께하는가

●●●●● 우리는 모두 아이들에게 최고의 기회를 주는 게 얼마나 중요한지 알고 있다. 새로운 세대의 부모마다 전 세대 부모에 비해서 아이들을 위해 자신이 맛보지 못했던 가능성을 만들어주는 데 더욱 집중하는 것 같다. 우리는 최선의 의도를 갖고 풍부한 경험을 맛보게 해줄 수많은 코치와 가정교사에게 우리 아이들을 맡긴다. 대개 우리는 전문적인 사람들이 아이의 미래를 가장 잘 준비해 줄 거라고 생각한다. 그러나 이런 식으로 아이를 도왔다가는 큰 대가를 치를 수 있다.

아웃소싱에 대한 흥미로운 비극

델은 세계에서 가장 성공한 PC 제조업체들 중 한 곳이었다. 그런데 델이 성공을 거둘 수 있었던 이유 중에 아수스Asus라는 타이완 부품 제조업체의 도움이 있었다는 걸 아는 사람은 거의 없다.

델은 1990년대 초반, 몇 가지 성장 동력을 잘 활용해서 본격적인 성장 가도에 들어섰다. 우선, 델의 사업 모델은 파괴적이었다. 델은 매우 저렴하면서도 간단한 초보자용 컴퓨터를 만드는 회사로 출발했다. 제품은 주로 우편이나 온라인을 통해서 팔았다. 델은 이어 고급 시장으로 진출해서 고성능 하이엔드 컴퓨터 제품을 만들기 시작했다. 둘째, 델은 모듈 형식의 제품을 만들어 팔았기 때문에 고객은 원하는 사양을 골라 자기 입맛에 맞는 컴퓨터를 주문할 수 있었다. 델은 주문 후 48시간 내에 컴퓨터를 조립해서 배달해 주었다. 고객에게 매우 인상적인 서비스였다. 셋째, 델은 보다 효율적인 자본 활용을 위해 노력했다. 델은 1달러 상당의 자산당 판매와 수익을 최대한 끌어올리기 위해 애썼고, 월가는 이런 델을 호평했다. 이 세 가지 멋진 전략 덕분에 델은 아주 특별한 방식으로 성공할 수 있었다.

흥미롭게도 사실 델의 전략적 성장이 가능했던 건 상당 부분 타이완에 소재한 아수스 덕분이었다. 아수스는 로엔드 시장에서 델이 직접 만들 때보다 더 저렴한 가격에 신뢰할 수 있는 간단한 회로를 델에게 공급하기 시작했다.

이런 맥락 속에서 아수스는 델에게 흥미로운 제안을 했다. "우리는 여러분 회사를 위해서 이 소형 회로를 만드는 데 뛰어난 능력을 보여줬다. 이제 델의 마더보드도 공급하게 해달라. 마더보드를 만드는 건 델이 아닌 우리 역량에 속한다. 우리는 델이 직접 만드는 것보다 20퍼센트 더 싸게 만들 수 있다." 델의 분석가들은 아수스가 마더보드를 더 싸게 만들 수 있으며, 델의 대차대조표(기업이 결산 때에 재산 상태를 한눈에 볼 수 있게 도식화한 표–옮긴이)에서 마더보드 제조에 필요한 모든 자산을 지워버리게 해줄 수 있다는 걸 깨달았다.

월가 분석가들은 사업 자본의 '효율성'을 추적하는 재무지표와 비율을 엄격히 따진다. 그들이 공통적으로 따지는 게 RONA라고 줄여서 부르는 '순자산수익률Return on Net Assets'이다. 제조업 분야에서는 회사가 올리는 소득을 순자산으로 나눠서 RONA를 계산한다. 따라서 기업이 분자에 해당하는 소득을 추가하거나 분모에 속하는 자산을 줄이면 보다 흑자를 내는 것처럼 판단될 수 있다.

그런데 분자와 분모 중에서 분자를 키우기가 더 어렵다. 분자에 해당하는 소득을 추가하려면 더 많은 제품을 팔아야 해서다. 분모를 줄이는 건 상대적으로 더 쉽다. 외주를 주는, 일명 아웃소싱을 하면 됐기 때문이다. 아웃소싱 비율이 높을수록 기업은 자본을 더 효율적으로 사용하는 것으로 평가된다. 델은 자산 일부를 아웃소싱하더라도 고객에게 똑같은 제품을 팔 수 있다면 회사의 RONA가 올라가서 월가를 행복하게 만들 것 같았다. 델은 아수스의 제안에 "위대한 생각이다. 우리 마더보드를 생산해달라"고 말했다. 그런데 정말 웃기게도 이 합의는 아수스를 투자자들에게 더 좋은 회사로 보이게 만들어주었다. 아수스는 기존 자산을 활용하면서 매출을 늘렸다. 양사 모두 더 좋아진 것 같았다.

델과 아수스가 합의한 대로 일하기 위해서 조직을 개편한 뒤 아수스는 델에게 찾아와서 말했다. "우리는 델을 위해서 성능이 좋은 마더보드를 조립해 왔다. 이제 델을 위해서 컴퓨터 전체를 제조할 수 있게 해주면 어떤가? 델이 컴퓨터 조립으로 성공한 건 아니지 않는가? 우리는 남아있는 모든 제조업 자산을 델의 대차대조표로부터 털어내게 해주겠다. 그러면 우리는 20퍼센트 더 저렴하게 컴퓨터를 만들어 공급하겠다."

델 분석가들은 이 제안 역시도 상생win-win에 이르는 제안이라고 생각했다. 아수스가 델의 일을 추가로 함으로써 비율의 분자(수익)가 점점 더 커지자 아수스의 RONA는 덩달아 커졌다. 제조 프로세스를 정리하자 델의 RONA도 역시 늘어났다. 델은 매출 라인을 변경하지는 않았지만 대차대조표로부터 자산을 빼내자 RONA의 분모가 개선됐다.

이 프로세스는 델이 공급망 관리와 컴퓨터 디자인마저 아웃소싱할 때까지 계속됐다. 델은 결과적으로 델이란 브랜드를 제외하고는 PC 사업에 속하는 모든 걸 아수스에 아웃소싱했다. 소비자 사업 부문에서 남은 자산이 거의 없어지자 결과적으로 델의 RONA는 매우 높아졌다.

이어 2005년에 아수스는 자체 컴퓨터 브랜드를 만들겠다고 발표했다. 이 그리스 비극 같은 이야기에서 아수스는 델로부터 배웠던 모든 걸 빼앗아가서 자신을 위해 응용했다. 아수스는 가치사슬에서 가장 간단한 활동부터 시작했다. 그 뒤 델이 남은 사업 활동 중에 다음으로 부가가치 창출이 부진한 활동을 아웃소싱하기로 결정할 때마다 아수스로서는 더 높은 부가가치 창출 활동을 맡는 셈이 되었다.

여태껏 숫자상으로는 델에게 유리한 것 같았다. 하지만 숫자는 이런 결정이 델의 미래에 미치는 영향을 보여주지 않았다. 델은 가장 흥미로운 컴퓨터 회사 중 하나로 출발했지만 시간이 갈수록 서서히 아웃소싱을 늘리면서 평범한 소비재 기업으로 전락했다. 델은 이제 컴퓨터를 만들지 않는다. 컴퓨터를 출하하지도 않는다. 컴퓨터 AS를 제공하지도 않는다. 그저 타이완 기업들이 만든 컴퓨터에 델이라는 이름을 붙일 수 있게 허용해 줄 뿐이다.

그나마 다행인 게 델은 고수익 서버 사업에 성공적으로 진출했으며 이 사업은 번성하고 있다. 그러나 소비자 부문에서 델은 당초 생각했던 것보다 훨씬 더 중요한 걸 아웃소싱해 버렸다.

기업이 할 수 있는 일과 할 수 없는 일

이 이야기를 읽은 사람은 누구나 아웃소싱이 위험하다는 생각을 하게 된다. 분명 델이 아웃소싱의 결과를 미리 알았더라면 아수스의 제안을 받아들이는 데 훨씬 더 소극적이었을 것이다. 델은 어떻게 하면 결과를 미리 알 수 있었을까?

이 질문의 대답은 '능력capabilities'이라는 개념을 이해하는 데서 찾을 수 있다. 능력이란 무엇이고, 어떤 능력이 미래에 중요하며, 어떤 능력을 자체적으로 유지하는 게 중요하고 또 중요하지 않은지를 알고 있어야 한다.

이 말이 무슨 뜻일까?

정리해 보겠다. 기업이 할 수 있고 할 수 없는 일, 즉 기업이 가진 능력을 결정하는 요인들은 '자원, 프로세스, 우선순위'라는 세 가지 범주 중 하나에 속한다고 할 수 있다. 이 세 가지는 어떤 특정한 시점에서든지 기업 상태를 정확하게 보여준다. 왜냐하면 상호 배타적이면서(사업의 일부가 한 가지 이상의 범주에 들어갈 수 없다) 동시에 포괄적이기(세 가지 범주가 사업 내 모든 것을 설명해 준다) 때문이다. 모두 합쳐졌을 때 이런 능력들은 기업이 할 수 있는 일뿐만 아니라, 이보다 더 중요할 수 있는 모든 기업이 할 수 없는 일을 평가하는 데 중요하다. 능력은 역동적 성격을 띠며, 시간이 가면서 쌓인다. 어떤 기업도 처음부터 충분한 능력을 개발해 놓지 못한다.

위 세 가지 범주 중에서 가장 가시적인 건 '자원'이다. 자원에는 사람, 장비, 기술, 제품 설계, 브랜드, 정보, 현금, 납품업체와의 관계, 유통업체, 고객 등이 포함된다. 사람이나 사물은 보통 자원이다. 자원은 고용과 해고, 매매, 감가상각 혹은 구축이 가능하다. 자원은 대부분 눈으로 볼 수 있으며, 또한 종종 측정도할 수 있으므로 경영진은 손쉽게 자원의 가치를 평가한다. 대부분의 사람들은 기업 성공의 핵심이 자원이라고 생각할지 모른다. 그러나 자원은 기업을 움직이는 세 가지 중요한 요인 중 하나일 뿐이다.

조직은 직원들이 자원을 더 가치 있는 제품과 서비스로 전환할 때 새로운 가치를 창조한다. 이런 직원들이 상호작용, 조율, 소통 그리고 결정하는 방식을 '프로세스'라고 한다. 프로세스는 점점 더 복잡해지는 문제를 자원이 해결할 수 있게 해준다. 프로세스에는 제품이 개발·제조되는 방식, 시장 조사, 예산 수립, 직원 계발, 보상, 자원 할당 방법 등이 포함된다. 대차대조표에서 자원은 쉽게 눈으로 확인하고 측정할 수 있는 반면 프로세스는 그렇게 하기가 힘들다.

기업이 강력한 프로세스를 준비해 놓았다면, 경영진은 융통성 있게 어떤 직원에게 어떤 임무를 맡길지 결정할 수 있다. 왜냐하면 누가 임무를 수행하건 프로세스는 효과적일 것이기 때문이다. 컨설팅 회사 맥킨지를 예로 들어보자. 이 회사는 전 세계 기업들을 상대로 컨설팅 서비스를 제공한다. 맥킨지의 프로세스는 아주 구석구석 스며들어가 있어서 배경과 훈련 정도가 전혀 다른 컨설턴트들조차 평소대로 일하면서 프로세스에 '동화'될 수 있다. 그러면서 그들은 자신이 회사가 필요로 하는 결과를 낼 거라는 자신감을 갖는다.

세 번째로 설명하려는, 가장 중요할지도 모르는 능력은 조직의 '우선순위'이다. 우선순위는 기업의 의사결정 방식을 정의한다. 또한 기업의 투자 대상과 투자 기피 대상을 명확히 알려준다. 지위고하를 막론하고 모든 직원들은 오늘 해야 할 일과 나중에 해도 될 일에 대한 우선순위를 결정할 것이다.

사세가 확장될수록 결정을 내려야 하는 모든 현장에 경영진이 있을 수가 없다. 그래서 기업이 커지고 복잡해질수록 고위 경영진이 직원들에게 직접 회사의 전략적 방향과 사업 모델에 맞는 우선순위를 결정하게끔 하는 게 중요하다. 성공적인 고위 임원은 전사적으로 광범위하게 이해되는 명확하고 일관된 우선순위를 밝히는 데 많은 시간을 투자해야 한다는 뜻이다.

기업의 우선순위는 시간이 갈수록 기업의 수익 창출 방식과 조화를 이뤄야 한다. 기업이 생존하기 위해서는 직원들이 기업 전략에 보탬이 되는 일들로 우선순위를 정하는 게 당연하다. 그렇지 않을 경우 직원들이 내리는 결정은 기업의 사업 기반과 충돌할 것이다.

미래를 아웃소싱하지 말라

제약, 자동차, 정유, 정보기술, 반도체를 비롯해서 많은 산업 분야에서 활동하는 기업들은 델처럼 미래 능력 확보의 중요성을 무시한 채 점점 더 열심히 아웃소싱을 추구해 왔다. 재무전문가, 컨설턴트, 학자들은 성장하는 기업에게 아웃소싱을 하라고 장려한다. 기업들은 얼마나 빠르고 손쉽게 아웃소싱의 혜택을 수확할 수 있는지에만 관심을 갖고, 그렇게 하다가 능력을 잃게 되어 감당해야 할 비용을 보지 못한다.

가령 미국 반도체 산업에서 아웃소싱의 역사는 아웃소싱에 맹목적으로 집착하는 기업들에게 일어난 문제들을 기록한 연대기나 다름이 없다. 산업 초기에는 반도체 제품 제조에 수반되는 단계 중에서 가장 쉬운 것을 중국과 타이완 납품업체들에게 아웃소싱하는 게 정말로 합리적이었다. 미국 반도체 기업들은 반도체 설계 같은 보다 복잡하고 수익성이 높은 단계들을 그대로 유지했으니 자신들이 안전하다고 생각했다.

그러나 아시아의 납품업체들은 가장 간단한 제품만을 조립하는 데 머물려고 하지 않았다. 그런 식의 조립은 저비용 노동이라 사실 누구나 할 수 있는 일이었다. 아시아의 납품업체들은 언제든지 자신들보다 더 낮은 비용을 요구하는 제조업체들에게 그 일을 빼앗길 수 있다는 걸 알았다. 따라서 이 문제를 고민한 끝에 하이엔드 시장으로 움직이는 노력을 지속하면서 그 어느 때보다도 더 섬세한 제품을 제작하고 조립하기 시작했다. 이제 한국, 타이완, 싱가포르, 중국의 납품업체들은 애초에 그들에게 아웃소싱을 맡겼던 미국 기업들이 기대조차 하지 않았던 제품과 부품까지 만들게 되었다.

이제 진정으로 주객이 전도되는 상황이 벌어졌다. 처음에 미국 기업들은 비용 절감과 대차대조표에서 자산을 털어내기 위해 간단한 것들을 아웃소싱했다. 그들이 내린 개별 결정은 간혹 합리적인 것처럼 보였다. 그러나 이제 그들은 섬세한 제품들을 무조건 아웃소싱해야 할 처지에 놓였다. 정작 미국 기업들은 더 이상 그런 제품을 만들 수 있는 능력이 없기 때문이다.

'능력 이론'은 기업에게 아웃소싱이 합리적일 때와 합리적이지 않을 때를 결정할 때 필요한 '틀framework'을 제시해 준다. 아웃소싱을 할 때는 반드시 다음의 중요한 두 가지 사항을 고려해야 한다.

첫째, 납품업체가 가진 능력을 역동적으로 바라봐야 한다. 또한 그들이 변화할 수 있고, 변화할 것이라 가정해야 한다. 지금 납품업체들이 하는 일이 아니라 그들이 미래에 하려고 애쓰는 일이 무엇인지 집중하라. 둘째, 무엇보다 중요한 건, 미래에 성공하기 위해서는 어떤 능력이 요구되는지를 알고 있어야 한다. 이런 능력은 계속 보유해야 한다. 그렇지 않을 경우 당신 기업의 미래를 넘겨줄 수도 있다. 능력이 가진 힘과 중요성을 이해하는 사람이 좋은 CEO이고, 그렇지 못한 사람은 평범한 CEO에 불과하다.

아이가 할 수 있는 일과 할 수 없는 일

부지불식간에 우리는 매일 주변에 있는 모든 사람들의 능력을 평가한다. 우리는 조직, 상사, 동료, 직원들의 모든 걸 평가한다. 또한 경쟁자를 평가한다.

그런데 '평가 렌즈'를 가정으로 돌려달라고 부탁한다면 그렇게 할 수 있겠는가? 당신이 가진 능력은 무엇인가? 가족이 가진 능력은 무엇인가? 우리가 마치 기업인 것처럼 우리를 자원, 프로세스, 우선순위의 복합체로 간주한다는 게 우습게 보일 수도 있다. 그러나 이는 우리가 인생에서 성취할 수 있는 것과 없는 것이 무엇인지를 통찰력 있게 평가하는 방법이다. 당신이 본인의 능력을 정리해 본 적이 있다면 진정한 강점이자 자산이라고 생각하는 것이 몇 가지 있을 것이다. 반면 더 강해지기를 바라는 분야가 몇 곳 있을 텐데, 이것이 당신이 시간을 거슬러 올라가 더 개선했으면 좋았겠다고 바라는 능력이다.

그런데 불행하게도 우리 중 누구도 그럴 수 없다. 델이 아웃소싱을 결정하던 때로 시간을 되돌릴 수 없듯이 우리는 지금 가지고 있지 않아 아쉬운 능력을 개발하기 위한 방법을 알아내려고 젊은 시절로 되돌아갈 수 없다. 그러나 부모로서 우리에겐 아이들이 올바른 능력을 갖도록 도울 수 있는 기회가 있다. 능력의 자원, 프로세스, 우선순위 모델은 아이들이 미래에 만나게 될 여러 도전과 문제를 감안했을 때 지금 아이가 무슨 일을 할 수 있어야 하는지를 가늠하는 데 유용할 수 있다.

아이가 할 수 있는 일과 할 수 없는 일을 결정하는 첫 번째 요인은 아이가 가진 자원이다. 이 자원에는 아이가 받았거나 벌었던 경제적·물질적 자원이 모두 포함된다. 또한 시간과 에너지, 지식, 재능, 쌓아온 관계 그리고 과거로부터 배운 것 등도 포함된다.

아이의 능력을 결정하는 두 번째 요인은 프로세스다. 프로세스는 아이가 자원을 갖고서 자신을 위해 새로운 일을 성취하고 창조하기 위해서 하는 일이다. 기업 내부에서도 그렇듯이 프로세스는 비교적 무형적 성격을 띠지만, 아이를 독특하게 만드는 데 큰 역할을 한다. 프로세스에는 아이의 사고방식, 아이가 통찰력 있는 질문을 던지는 방식, 다양한 유형의 문제를 해결하는 방식, 타인과 협력하는 방식 등이 포함된다.

아이의 자원과 프로세스 사이의 차이를 분명히 구분하기 위해서 몇 가지 예를 들겠다. 수업을 받고 있는 젊은이가 있다고 하자. 교사와 학자들은 지식을 창조할 수 있고, 젊은이는 교실에 앉아서 다른 사람들이 창조한 지식을 수동적으로 흡수할 수 있다. 이제 이 지식은 젊은이에게는 자원이 된다. 그는 습득한 정보의 양이 어느 정도인지를 측정하는 테스트에서 더 나은 점수를 받으려고 정보를 활용할 수 있을지 모른다. 그러나 그렇다고 해서 그가 새로운 지식을 창조할 수 있는 능력을 습득한 건 아니다. 그가 수업 시간에 흡수한 정보를 활용해서 아이패드 애플리케이션 같은 걸 만들거나 직접 과학 실험을 수행한다면 그런 능력이 그의 프로세스에 해당한다.

그런 것들이 바로 아이의 자원과 프로세스라면, 아이의 마지막 능력은 개인적 우선순위이다. 우선순위는 우리가 삶에서 정해 놓은 우선순위와 다르지 않다. 학교, 운동, 가족, 일, 신념 등이 모두 우선순위에 속한다. 우선순위는 아이가 살면서 결정하는 방법에 영향을 준다. 우선순위는 아이의 머리 속에 들어 있는 어떤 것이 가장 중요한지, 어떤 걸 뒤로 미룰지 그리고 어떤 걸 전혀 하고 싶어 하지 않는지를 결정한다.

이 세 가지가 어떻게 함께 작동하는지 이해하기 위해 아이패드 애플리케이션을 개발하는 아이의 예를 들어보겠다.

아이가 프로그램을 짤 수 있는 컴퓨터와 아이패드 애플리케이션 프로그램을 만들 수 있는 지식을 갖고 있다면 그는 자원을 가진 것이다. 그가 이 자원들을 합쳐서 뭔가 획기적인 것을 만드는 방법, 즉 나아가면서 배우는 방법이 그의 프로세스이다. 그리고 그가 갖고 있는 귀중한 자유 시간을 애플리케이션을 만들면서 보내고 싶은 바람, 그가 해결하기 위해서 애플리케이션을 만들 정도로 충분히 신경을 쓰는 문제, 독특한 것이나 친구들에게 감명을 주고 싶다는 사실은 모두 그가 애플리케이션을 개발하게 이끄는 우선순위들이다. 자원은 그가 애플리케이션을 만들기 위해서 사용하는 것이고, 프로세스는 만드는 방법이고, 우선순위는 만드는 이유이다.

가정에서 재현되는 그리스 비극

델이 PC 사업에서 그랬던 것처럼 아이가 프로세스를 개발할 수 있는 환경을 없애 버리는 실수를 저지르는 부모들이 늘고 있어 걱정이다. 일반적으로 봤을 때 부유한 사회에서 사람들은 불과 한 세대 전만 해도 자체적으로 끝낼 수 있었던 일을 점점 많이 아웃소싱으로 해결한다. 지금 우리 삶과 비교하면 특이하게 들릴지 몰라도 예전에 내가 자란 평범한 동네에서는 집에서 많은 일을 직접 처리했다. 우리 집 정원에는 과일 나무가 있었다. 우리는 많은 걸 길러서 먹었다. 겨울과 봄 동안에 먹을 것까지 생각해 기른 것을 많이 보관해 놓고 있어야 했다. 어머니는 손수 옷을 만들어 우리를 입히셨고, 주름이 안 가는 천이 없던 시절이라 우리는 옷을 빨고 다리는 데 많은 시간을 투자해야 했다. 집에서 사람을 불러서 잔디를 깎고 눈을 치우게 한다는 생각은 전혀 하지 못했다. 정말로 많은 일을 해야 했기 때문에 아이들도 반드시 부모와 같이 일했다.

지난 50년 동안 이런 일들을 전문가들에게 아웃소싱하는 게 점점 더 저렴하고 간편해졌다. 이제 많은 가정에서 유일하게 해야 할 일이라고는 어질러 놓은 걸 주기적으로 청소하는 것뿐이다. 그러자 일이 없는 동안 아이들이 풍부한 경험을 쌓을 수 있게 자기 시간까지 포기하며 투자하는 부모 세대가 등장했다. 이런 엄마들을 가리켜 '사커 맘soccer mom'이라고 하는데, 15년 전만 해도 미국에 없던 단어다. 사커 맘은 아이들을 축구, 라크로스, 농구, 미식축구, 하키, 춤, 체조, 음악, 중국어 수업에 열성적으로 데리고 다니는 엄마를 말한다. 사커 맘들은 아이들을 멀리 런던까지 보내 수업을 듣게 한다. 이제 아이들은 너무 많은 캠프에 참가하다 보니 여름방학에 아르바이트할 시간조차 없을 정도이다. 개별적으로 따지면 이런 배움들은 각각 아이의 능력을 키울 수 있는 훌륭한 기회이자 과거 집 주변에서 일어났던 모든 일들을 훌륭하게 대체하는 역할을 한다. 아이는 어려운 도전을 극복하고, 책임을 지고, 좋은 팀 플레이어가 되는 법을 배울 수 있다. 아이가 훗날 인생에서 성공하는 데 필요한 중요한 프로세스를 개발할 수 있는 기회이기도 한 것이다.

하지만 부모들은 이와 같은 생각을 하지 않거나, 아이들에게 이 모든 경험을 강요하는 경우가 지나치게 많다. 아이들을 다양한 활동에 노출시키는 건 한편으로 칭찬받을 만하다. 부모 입장에서야 아이들이 정말로 하고 싶은 일이 뭔지를 찾게 도와주고 싶을 것이다. 그리고 아이들이 자기 자신의 프로세스를 개발하려는 동기를 갖게 해줄 일을 찾아내는 것도 실제로 중요하다.

하지만 부모가 아이들의 인생에 이런 활동들을 강요하는 동기가 항상 그것만은 아니다. 부모는 자기가 해야 한다고 여기는 일을 하는 것이다. 때로 그런 동기가 아이들이 프로세스를 개발하게 도우려는 바람보다 더 중요하다. 즉 부모는 자신이 좋은 부모처럼 느껴지는 일을 한다. "내가 아이에게 주고 있는 저 많은 기회가 보이지?"라고 말하고 싶어 한다. 혹은 종종 올바른 사고방식을 가진 부모조차 자신의 바람과 꿈을 아이에게 전가시킨다. 이런 다른 의도가 끼어들기 시작하고, 정작 아이 자신은 털끝만큼도 관심이 없는 활동에 참여시키느라 아이들을 여기저기 계속 끌고 다닌다면, 부모는 경고장을 받아야 마땅하다.

아이들은 이런 경험으로부터 팀워크, 기업가 정신, 준비의 가치 학습처럼 깊고도 중요한 프로세스를 개발하고 있을까? 아니면 그저 마지못해 부모를 따라다니는 것뿐일까? 아이들에게 자원을 주려고 지나치게 집중하기 전에 스스로에게 먼저 새로운 질문을 던져야 한다. '내 아이가 더 나은 기술을 개발하기 위한 기술, 더 깊은 지식을 쌓기 위한 지식, 경험으로부터 배우기 위한 경험을 개발했는가?' 이런 것들이 우리 아이들의 머리와 마음속에 들어 있는 자원과 프로세스 사이의 중요한 차이점이며, 내가 걱정하는 예상치 못한 아웃소싱의 부산물이다.

델은 사업 일부를 아웃소싱하면서 아수스에게 공략 목표와 더불어 해결해야 할 문제를 같이 주었다. 이 일을 할 수 있는 델의 프로세스는 위축됐지만 아수스는 같은 일을 하기 위한 프로세스를 개발했다. 아수스는 보다 섬세한 작업을 완수하기 위해 이 프로세스를 연마하고 확장했다. 델은 다른 곳에 강력하게 집중하고 중요 프로세스를 줄이면서 사실은 스스로 미래의 경쟁력을 약화시키고 있다는 사실을 깨닫지 못했다.

많은 부모도 델처럼 아이들에게 지식, 기술, 경험 등의 자원을 집중적으로 공급하면서 사실은 델과 같은 문제를 저지르고 있다. 델과 마찬가지로 그러한 결정들을 하나씩 따지면 타당해 보인다.

우리는 아이들이 앞서 나가기를 바라고, 우리가 제공한 기회와 경험이 아이들에게 보탬이 될 것이라고 믿는다. 그러나 이런 활동들, 즉 아이가 깊은 관심을 갖지 못하고, 사실상 아이가 어려운 일에 도전하고 싶은 욕구를 갖게 만들지 못하는 경험은 오히려 아이들에게 미래의 성공을 위해 필요한 프로세스를 개발할 기회를 빼앗아갈 뿐이다.

부모님이 해주시지 않은 일

아이를 위한 부모의 의도는 모두 좋을 수 있지만, 나중에는 극소수의 아이만이 자신이나 남을 위해 힘든 책임을 지고, 복잡한 문제를 해결할 줄 아는 성인으로 성장하곤 한다. '나는 이 문제에 맞서는 게 두렵지 않아. 난 그것을 해결할 수 있다고 생각해'라는 자존심은 풍부한 자원에서 나오는 게 아니다. 하기 힘든 중요한 일을 해냈을 때 생긴다.

이 글을 쓰는 이때, 미국의 청년 실업률은 근대 경제학이 등장한 이래로 다른 어떤 집단의 실업률보다 높다. 이런 현상은 전 세계 많은 선진국들에서도 목격된다. 어떻게 이런 일이 생긴 걸까? 합리적인 사람이라면 이것이 과거 수십 년 동안 추진되어온 경제 정책의 결과인지 아닌지를 논의하려고 하겠지만 나는 또 다른 요인이 이런 상황을 초래했다고 생각한다.

나는 젊은 세대 전체가 일자리를 얻는 능력(특히 그중에서 프로세스)이 없이 성인이 된 것은 아닌지 심히 걱정스럽다. 우리는 집안일을 아웃소싱했고, 그래서 생긴 빈틈이 우리 아이들에게 도전이나 참여의식을 심어주지 못하는 활동들로 채워지게 내버려뒀다. 우리는 아이들을 인생에서 생기는 문제로부터 지켜주려다가 무심코 그들로부터 성공하기 위해 필요한 프로세스와 우선순위를 개발할 수 있는 능력을 앗아갔다.

그렇다고 해서 아이들이 헤엄칠 수 있는지 알아보기 위해 그들을 심해深海로 곧장 던져 버려야 한다고 주장하는 건 아니다. 그보다 아이들이 어렸을 때부터 스스로 간단하게 해결할 수 있는 문제들을 찾아보라는 것이다. 아이들이 프로세스와 건전한 자존심을 갖도록 도울 수 있는 그런 문제 말이다. 내 인생을 되돌아보면 내가 부모님으로부터 받은 가장 큰 재능은 부모님이 나를 위해 해주신 일보다는 나를 위해서 하시지 않은 일로부터 생긴 것 같다. 한 가지 일화를 말해 보겠다.

어머니는 내 옷을 수선해 주신 적이 없었다. 초등학교 저학년일 때 자주 신던 양말 두 짝에 모두 구멍이 뚫린 걸 보고, 어머니에게 기워 달라고 부탁한 적이 있다. 어머니는 그때 여섯 번째 아이를 임신한 상태셨고, 교회 활동에도 적극적으로 참여하느라 눈코 뜰 새가 없을 정도로 바쁘셨다. 우리 가족은 전혀 여윳돈이 없었기 때문에 새 양말을 산다는 건 불가능했다.

어머니는 내게 바늘로 양말을 기워보고, 끝나면 갖고 오라고 말씀하셨다. 나는 약 10분 만에 양말에 난 구멍을 깁는 데 성공했다. 물론 어머니는 10초면 그 일을 다 하셨을 게 분명하다. 어머니는 양말 한 짝을 들고 내게 구멍을 가로지르면서 앞뒤로가 아니라 구멍 주위에서 안팎으로 바늘을 움직이는 식으로 바느질을 해서 간단히 구멍을 메우는 방법을 가르쳐주셨다. 그렇게 양말 한 짝을 기우면서 가르쳐주시는 데 약 30초가 걸렸다. 그리고 어머니는 내게 실을 자르고 묶는 법을 보여주신 뒤에 두 번째 양말을 건네주시고 본래 하던 일을 계속하셨다.

그로부터 1년쯤 뒤 초등학교 3학년이 됐을 무렵에 나는 학교 운동장에서 놀다가 넘어져서 입고 있던 리바이스 청바지가 찢어지는 사고를 당했다. 내게는 심각한 일이었다. 당시 여느 가정처럼 우리 집도 학교에 입고 다닐 바지를 두 벌만 사줬기 때문이다. 나는 찢어진 청바지를 어머니에게 들고 가서 수선해 주실 수 있는지를 물었다. 어머니는 내게 재봉틀을 갖고 지그재그로 기우는 방법 등을 가르쳐주셨다. 만일 당신께서 청바지를 고치신다면 어떻게 할지 한두 가지 의견을 알려주신 다음에 자리를 비우셨다. 나는 처음에는 어떻게 재봉틀을 다룰지 몰랐지만, 결국 재봉틀 사용법을 이해했다.

지금 되돌아보면 아주 쉬운 일들이었을지 몰라도 내 인생에 중요한 방점傍點 역할을 했던 게 분명하다. 이런 일들을 겪으면서 나는 가능하면 내 문제는 내가 해결해야 한다는 걸 배웠다. 또한 내 문제를 스스로 해결할 수 있다는 자신감이 생겼고, 그렇게 해서 얻은 성취감 속에서 자긍심을 느꼈다.

우스운 얘기지만 양말이 닳아서 올이 다 드러날 때까지 신고 다닐 때마다 나는 발가락 부근에 기워진 부분을 보면서 '내가 해냈다'라고 생각했다. 당시 찢어졌던 리바이스 청바지의 무릎 부분이 어떤 모양으로 수선됐는지 기억은 안 나지만 분명 예쁘지는 않았던 것 같다. 그러나 청바지를 보면서 완벽하게 수선하지 못했다는 생각은 하지 않았다. 오히려 내가 한 일에 대해 자긍심을 느꼈다.

어떤 어머니들은 아이가 그렇게 누더기가 된 옷을 입고 다니는 걸 보고 당황하셨을지 모른다. 우리 집이 얼마나 가난한지를 드러내는 증거일 수 있으니까. 그러나 우리 어머니는 내 리바이스 청바지를 쳐다보지도 않으셨을 것이다. 어머니는 나를 보시면서, 아마도 나 스스로 덧댄 부분을 보며 느낀 것을 똑같이 보셨을지 모른다. 바로 '내가 해냈다'는 자신감 말이다.

아이들은 배울 준비가 됐을 때 배운다

아웃소싱이 아이들에게 필요한 프로세스를 개발할 기회를

빼앗는 피해만 주는 건 아니다. 인생의 너무 많은 것들을 아웃소싱할 때 그보다 훨씬 더 중요한 뭔가가 위험에 빠지는데, 바로 우리의 가치이다. 얼마 전에 나는 아이들을 잘 키운 친구를 칭찬했다. 친구 짐과 그의 부인 노마는 멋진 가정을 꾸렸다. 슬하의 다섯 아이들은 서로 아주 달랐다. 그들은 모두 성공적으로 사회생활을 했고, 훌륭한 배우자를 골랐으며, 현재 각기 다른 지역에서 아이들을 키우고 있다.

나는 짐과 노마에게 어떻게 아이들을 잘 키웠는지 비결을 물었다. 그들이 알려준 알토란 같은 지혜 중에서 무엇보다 노마가 알려준 다음 통찰이 가장 기억에 남았다.

"가족 모임 때 모두가 집에 모이면 저는 아이들이 성장하면서 겪었던 경험과 그중 어떤 게 그들 인생에서 가장 큰 영향을 미쳤는지를 이야기하는 걸 좋아해요. 보통 저는 아이들이 중요하다고 떠올리는 사건들을 기억하지 못해요. 또 우리 부부가 근본적으로 가족의 중요한 가치라고 여긴 것을 같이 이야기하기 위해 다같이 자리를 함께했던 때를 아이들에게 물으면 아이들은 전혀 기억을 못해요. 이런 사례를 통해서 배울 수 있는 건, 아이들은 우리가 가르칠 준비가 됐을 때가 아니라 그들이 배울 준비가 됐을 때 배운다는 사실이 아닐까요."

우선순위라는 세 번째 능력을 키우는 게 중요하다는 걸 분명히 드러내주는 멋진 사례이다. 이 능력은 아이들이 인생에서 가장 중요시하는 것에 영향을 준다. 실제로 우리가 아이들에게 줄 수 있는 가장 중요한 한 가지 능력인지도 모른다.

어린 시절에 당신도 그와 비슷한 경험을 했던 기억이 떠오를 수 있다. 그때 당신은 당신의 부모가 함께 나누고 있다는 걸 의식하지 못한 중요한 것을 그들로부터 얻었을지 모른다. 부모는 당시 의식적으로 올바른 우선순위에 대해 가르치고 있다고 생각하지 않았을 가능성이 크다. 다만 그런 학습이 일어나는 순간에 부모가 함께 있었기 때문에 그런 가치가 당신의 가치가 되었다. 다시 말해 아이들이 배울 준비가 됐을 때 부모가 그들 곁에 있어야 한다.

그러나 예전에는 가정에서 직접 했던 많은 일들을 아웃소싱하면서 아이들 인생에는 우리가 관여하지 않는 활동들로 채워지는 '빈 공간'이 생겼다. 결과적으로 우리가 모르거나 존경하지 않는 사람들이 그들 곁에 있게 됐다. 또한 아이들이 배울 준비가 되었을 때 우리가 모르거나 존경하지 않는 사람들이 아이들 곁에 있곤 한다.

그리스인들이 남긴 멋진 수수께끼가 있다. 그리스 철학자 플루타르크Plutarch가 최초로 기록한 일명 '테세우스의 배Ship of Theseus'라는 것이다. 그리스 신화에 나오는 반신반인의 괴물 미노타우로스Minotauros를 죽인 걸로 유명한 도시 설립자에 대한 헌사로서 아테네인들은 테세우스의 배를 아테네 항구의 위치 좋은 곳에 그대로 보존하기 위해 애썼다. 배의 일부가 썩으면 새것으로 교체하는 식으로 배의 모든 부분이 바뀔 때까지 했다.

수수께끼는 이것이다. 배의 마지막 일부까지 모두 바뀌었는데도 불구하고 그 배는 여전히 테세우스의 배였을까? 아테네인들은 여전히 테세우스의 배라고 불렀지만, 정말로 그렇게 부르는 게 옳았을까?

비슷한 철학적 질문으로 바꿔서 물어보고 싶다. 당신의 아이들이 다른 사람들로부터 우선순위와 가치를 얻는다면, 그들은 누구의 아이인가?

그렇다. 여전히 당신의 아이들이다. 하지만 내 질문의 뜻을 이해할 것이다. 다른 성인과 보낸 매 순간이 아이들에게 지울 수 없을 정도로 열등한 가치를 주어서 위험한 건 아니다. 또한 이 '거대하고 사악한 세상'으로부터 아이들을 보호해야 하니 깨어 있는 매 순간 아이들과 함께 시간을 보내라고 말하는 것도 아니다. 그렇게 해서는 안 된다. 균형은 중요하며, 아이들은 인생이 던져주는 도전에 직면했을 때 귀중한 교훈을 얻을 것이다.

핵심은 이것이다. 아무리 의도가 좋더라도 부모로서의 역할을 점점 더 다른 사람들에게 맡기기 시작하는 순간, 무엇보다 중요한 능력일 수 있는 가치를 아이들이 개발하게 도와줄 소중한 기회를 점점 더 잃게 된다는 것이다.

우리는 아이들에게 자원을 제공할 때 아이들에게 가장 이

익이 되는 게 뭔지를 신경 쓴다. 부모라면 그래야 한다고 생각한다. 이웃과 친구들에 견주어 내 아이가 얼마나 많은 활동에 참여하고, 어떤 악기를 배우고, 어떤 운동을 하는지 살피기도 한다. 이런 식으로 비교평가하다 보면 기분도 좋아진다. 그러나 이런 식의 행동은 사실 아이들이 부모가 원하는 성인이 되지 못하게 방해할 수 있다.

아이들은 새로운 기술을 배우는 것 이상의 일을 해야 한다. 능력 이론에 따르면 아이들은 도전을 겪어야 한다. 또한 어려운 문제를 해결해야 한다. 가치도 개발해야 한다. 아이들에게 깊게 몰입할 수 있는 기회를 주지 못하는 경험만을 많이 준다면, 아이들에게 미래 성공에 필요한 프로세스를 갖추지 못하게 하는 것과 같다. 그리고 이런 경험을 맛보게 해줄 수 있는 다른 사람에게 아이들을 아웃소싱하고 있다면 우리는 존경하고 존중하는 어른으로 성장하고 발전하도록 아이들을 도울 수 있는 소중한 기회를 놓치는 것이다.

아이들은 우리가 그들에게 가르칠 준비가 됐을 때가 아니라 그들이 배울 준비가 됐을 때 배울 것이다. 그들이 인생에서 도전을 겪을 때 같이 있지 못한다면 우리는 아이들의 우선순위와 인생에 영향을 줄 수 있는 중요한 기회를 놓치는 게 된다.

경험의 학교에 입학시켰는가

●●●●● 아이가 어려운 일을 하는 법을 배울 수 있게 돕는 것은 가장 중대한 부모의 역할 중 하나다. 앞으로 아이 인생에 닥칠 도전에 아이 스스로 대비하게 만드는 것이 중요하다. 그렇다면 아이가 적절한 능력을 키우도록 해주면 어떨까?

정말 적절한 자질인가

작가 톰 울프Tom Wolfe는 1979년에 세상에서 가장 치열한 경쟁이 벌어지는 직무 환경 중 하나인 미국 우주비행사 선발 과정에 대한 묘사로 대중의 상상력을 사로잡았다. 실제로 우주비행사 선발에 참가한 비행사들은 엄청나게 힘든 신경 테스트를 견뎌냈다. 초기 미국우주항공국NASA 임원들은 이런 선발 과정을 '적절한 자질right stuff'을 갖고 태어난 사람을 알아보기 위한 테스트로 생각했다. 엄청난 부담감 속에서 치러지는 이 테스트를 통과한 사람은 선천적인 영웅으로 여겨졌다.

최고의 인사 결정을 내리려고 애쓰는 많은 기업들은 이런 식의 사고를 모방하려는 경향을 보인다. 좋은 인재와 위대한 인재의 차이를 구별할 수 있는 확실한 방법이 있다고 여겨서다. 기업에서 '테스트'는 이력서에 담긴 내용이다. 지원자가 새로운 도전 환경 속에서 성공할 수 있을지는 그의 이력서나 승진 이력을 통해 알 수 있다는 것이다.

이런 믿음의 토대는, 최고의 후보들은 선천적인 재능 덕분에 지금 성공할 수 있었다는 생각이다. 모든 재능은 인재들이 선천적으로 갖고 태어나 가만히 활용되고 연마될 때만 기다리는 일종의 자질이라는 것이다.

구인자들은 우주비행사 선발 과정 테스트를 계속해서 통과하는 비행사처럼 성공에 성공을 거듭한 후보를 찾는다. 서류상 최고의 후보는 항상 두각을 나타낸다. 그들은 울프의 말을 빌리자면 적절한 자질을 갖고 있다.

그러나 만일 후보가 수평 이동만 했다거나 뚜렷하게 승진을 한 적이 없다면 그에게는 적절한 자질이 부족하다고 간주한다. 마치 회사는 후보들이 재능의 한계에 도달했는지 여부를 아는 것처럼 군다.

이런 식의 구인 방식에는 문제가 있다. 한 회사에서 성공한 전력이 있는 임원이 엄청난 기대 속에 다른 회사로 이직했다가 얼마 안 가 실패자로 낙인찍혀서 퇴출되는 경우가 드물지 않다. 발굴되기만 하면 되는 선천적 자질을 가진 사람이 있다는 생각은 기업 성공의 불확실한 예측 변수로 드러났다. 기업들은 최고의 후보를 선발하기 위해 논리적 기준을 정리한 듯한 목록에 의지하는데, 이는 잘못된 목록일 뿐이다. 몇 년 전, 다양한 기업에서 온 고위 경영진 1,000명 이상이 참석한 주요 실무 교육 프로그램 도중에 나는 이런 질문을 던졌다.

"여러분이 현재의 책임을 맡은 뒤 채용한 사람 그리고 회사 내에서 (명확한) 책임을 지는 자리로 승진시킨 사람 중 몇 퍼센트가 탁월한 선택으로 드러났습니까? 또 몇 퍼센트가 기대했던 성과를 내고 있습니까? 채용되거나 승진된 뒤 맡은 일에 적응하지 못하는 사람은 몇 퍼센트였습니까?"

그들의 계산에 따르면 33퍼센트 정도는 탁월한 선택이었고, 40퍼센트는 적절한 선택이었으며, 25퍼센트는 잘못된 선택으로 드러났다.

다시 말해 경영자는 많은 잘못을 저지른다. 그들은 제조나 서비스 분야에서 무결점을 위해 애쓸지 몰라도, 적임자를 고용(많은 경영자들이 이 일을 그들의 가장 중요한 책임으로 간주한다)하는 것에 있어서는 그 확률이 25퍼센트 정도만 돼도 어쨌든 받아들일 만한 수준이라고 생각한다.

그렇다면 적절한 자질인지 검열하는 것 말고 대체 무엇이 미래의 성공을 보장해 주는가? 나는 제자들이 나중에 사회생활을 하면서 겪을 수 있는 잘못된 채용 방식을 피하는 데 요긴하게 쓰일 이론을 찾기 위해 많은 시간을 투자했다. 관련 주제가 담긴 책도 여러 권 읽었다. 이런 책들은 모두 '적절한 시기에 적절한 장소에서 적절한 사람'을 구하라고 떠들어댔고, 성공 기업들의 사례를 토대로 실행 방법에 대한 규칙을 제시했다. 그때 읽은 책들은 대부분 성공 기업이 내린 선택이 다른 모든 기업에도 적용될 걸로 전제했다. '성공한 아무개 기업이 채용했던 것과 같은 사람들을 채용한다면 당신 기업도 성공할 것이다'라는 식이다.

한마디로 이것은 나쁜 이론이다. 이론이라고 말하기도 힘들다. 이런 식으로 내려진 결론은 대부분 개인적 진술과 전해 들은 말에 근거한다.

서던캘리포니아대학교의 모건 맥콜Morgan McCall 교수가 자신의 저서 《야심가들: 차세대 리더를 육성하는 방법*High Flyers: Developing the Next Generation of Leaders*》에서 처음으로 소개한 연구 결과를 접하고 나서야 비로소 나는 사람들이 미래에 더 훌륭한 채용 결정을 하는 데 유용한 이론을 찾아냈다. 그 책은 왜 그토록 많은 경영진이 채용상 실수를 하는지 그 이유를 설명해 준다.

맥콜은 '적절한 것'에 대해 아주 색다른 시각을 갖고 있다. 울프의 우주비행사들이 사실 최고 중의 최고였을지 모르지만, 맥콜의 이론은 그 이유에 대한 인과관계식 설명을 제시한다. 다시 말해서 맥콜에 따르면 우주비행사들은 특출한 기술을 갖고 태어난 건 아니었다. 그보다 그는 강력한 부담이 가해지는 상황 속에서 단점이나 극도의 스트레스를 극복하는 방법을 배움으로

써 그런 기술을 연마한 것이다.

적절한 자질을 중시하는 사고는 성공과 '서로 관련된' 기술을 중시한다. 이런 식의 사고는 앞에 나왔던 비행 묘사에서 쓰인 용어를 빌리자면, 입사 지원자들에게 날개와 깃털이 있는지를 확인하는 것과 같다.

반면 맥콜의 '경험의 학교' 모델은 그들이 실제로 날았는지, 만일 날았다면 어떤 환경 속에서 날았는지를 묻는다. 이 모델은 누군가가 이전에 맡았던 일에서 그가 지금 씨름해야 하는 문제와 유사한 문제로 씨름해 본 적이 있는지를 찾아내는 데 유용하다. 앞에서 능력을 설명하면서 썼던 표현에 빗대어 말하자면, 이것은 '프로세스 능력'이다.

맥콜의 이론은 적절한 자질 모델과 달리 위대한 지도자들이 성공할 준비가 되어서 태어났다는 생각을 따르지 않는다. 경영진의 능력은 인생에서 겪는 경험을 통해 개발되고 만들어진다. 도전적인 일, 프로젝트 운용 실패, 회사 내 새로운 분야에서 맡은 임무 등이 모두 경험의 학교 내 '학습 과정'이 된다. 리더가 가지고 있거나 가지고 있지 않은 기술들은, 말하자면 그들이 지금까지 어떤 과정을 밟았고 밟지 않았는지 여부에 따라 달라지는 것이다.

'적절한 자질'은 전혀 적절하지 않다

나는 맥콜의 이론을 활용하지 못한 탓에, 인정하기 싫을 만큼 오랫동안 자주 경영진을 오판하는 실수를 저질렀다. 일화를 하나 이야기해 보겠다. 내가 산화알루미늄과 질화규소 같은 최첨단 세라믹스 재료를 이용해서 제품을 만드는 CPS 테크놀로지스를 경영할 때 회사는 기대만큼 잘 돌아가지 않았다. 창업한 지 2년이 지난 상황에서 우리는 초기 제품의 보급형 제품을 만드는 쪽으로 전략을 수정할 준비를 했다. 아울러 새 사업을 책임질 부사장을 채용하기로 결정했다. 나와 내 동료인 MIT 교수는 과거에 제조 프로세스 규모를 확대해 본 경험이 없었다. 그리고 새로 뽑을 부사장은 채용되자마자 이 일을 맡아 우리가 연구소에서 개발한 신제품을 거기서 약 8km 정도 떨어진 신규 공장에서 생산하는 책임을 맡아야 했다.

3개월 동안 알아본 끝에 적임자를 두 명으로 압축했다. 우리 이사회에서 활동하던 벤처 자본가 한 사람은 A 후보를 추천해 주었다. A 후보는 다국적 회사에서 수십 억 달러를 굴리는 사업부서 책임 부사장을 지냈던 아주 능력 있는 사람이었다. 우리는 온도가 빠르게 바뀌어도 균열되지 않고 견딜 수 있는 초정밀 지르코늄 산화물 제품을 비롯해서 그가 있던 회사가 만든 제품의 품질을 높게 평가했다.

또 다른 B 후보는 가장 존경받는 엔지니어 중 한 명인 릭의 상사였다. 릭이 그를 적극 추천했다. B 후보는 회사 전면에 나서서 활동했으며, 말 그대로 지문이 닳도록 열심히 일했다. 그는 얼마 전 경제적 부담이 큰 노조와의 계약을 파기하기 위해 펜실베이니아 주 도시 이리Erie 근처에 있는 공장 두 곳을 폐쇄했다. 전기 절연 애플리케이션용 알루미늄 산화물 같은 전통 기술을 따라 세라믹스 제품을 만들었던 공장이었다. 그는 그곳에 있던 프로세스 장비 상당수를 불과 3개월 전에 테네시 주 시골 마을에 새로 문을 연 공장으로 이전했다. 그의 최종 학력은 고졸이었다.

우리 회사 고위 경영진은 성실함을 높이 사 B 후보 쪽으로 의견이 기울고 있었다. 그러나 이사회에 속해 있던 벤처 자본 투자자 두 명이 A 후보를 적극 추천했다. 그들은 CPS 테크놀로지스에 매우 높은 기대를 걸었고, A 후보는 우리가 모방하고 싶은 회사의 고위 임원이었다. 그는 최첨단 소재 분야에서 글로벌 기업의 경영 방식을 속속들이 알고 있었다. A 후보는 전 세계적으로 20억 달러에 가까운 매출을 올리는 회사를 경영했다. 우리의 벤처 자본가들은 기술 분야의 경험 부족을 이유로 B 후보를 탐탁지 않게 여겼다. B 후보가 있던 회사는 가족 경영 회사였고, 평년에 3,000만 달러의 매출을 올렸다.

우리는 결국 A 후보로 결정했고, 그에게 도쿄에서 보스턴으로 옮기는 이주비로만 25만 달러를 지불했다. 그는 괜찮은 사람이었지만, CPS 테크놀로지스의 프로세스와 공장 확충에는 서툴렀다. 우리는 채용 후 18개월 만에 그에게 사직을 권고했다. B 후보는 다른 일을 구한 뒤였기 때문에 우리는 하는 수 없이 제3의 후보를 찾아나서야 했다.

당시 우리는 맥콜의 이론에 따라서 부사장을 채용한 건 아니었다. A 후보는 사업 규모는 컸지만 전반적으로 정체된 상태에 있던 사업을 경험한 경력이 있었다. 그러나 이전에 새로 뭔가를 만들어본 적이 없었다. 결과적으로 그는 신설 공장을 처음 가동해 봤고, 새로운 프로세스의 생산 규모를 확대할 때 생길 수 있는 문제를 전혀 알지 못했다. 또한 과거에 직속부하들을 많이 거느렸긴 해도, 경영했던 사업 규모 때문에 사실상 그들과 어깨를 맞대고 일하기보다는 그들로부터 보고를 받으면서 일했다.

후보들의 이력을 비교했을 때는 A 후보가 가장 적임자였다. 그는 적절한 자질을 갖고 있었다. 그를 표현할 수 있는 형용사들은 B 후보를 주눅 들게 만들 정도였다. 그러나 화려한 이력에도 불구하고 그는 우리에게 적절하지 않았다.

그러나 만일 두 후보의 이력서에 나와 있는 과거 경험을 중시했더라면 B 후보가 더 적임자였을지 모른다. 왜냐하면 그의 이력서는 그가 경험의 학교에서 적절한 과정을 수료했다는 걸 보여줬기 때문이다. 이를테면 그는 '연구소에서 벗어나 시범 실시를 거쳐 프로세스 규모의 전면 확대 실시'라고 불리는 현장 졸업 세미나를 수료한 적이 있었다. 그는 우리가 나중에 접하리라고 생각하지도 못했던 문제들을 갖고 씨름한 적도 있었다.

혹은 다른 말로 그는 우리 일을 할 수 있는 적절한 프로세스를 갖고 있었다. 우리는 프로세스보다는 자원 쪽으로 더 기울었다. 이는 우리가 보다 세련된 후보를 선호한다는 걸 드러내는 격이었다. 이것이 내가 앞 장에서 설명한 부모가 저지르기 쉬운 잘못과 같다.

심지어 대기업도 항상 이런 잘못을 저지른다. 세계적 거물 기술 기업들인 인텔과 SAP 사이의 특별한 합작으로 세워진 판데식Pandesic의 이야기를 예로 들어보자. 양사는 내가 동료들과 함께 부사장을 뽑았을 때 저질렀던 것과 정확히 똑같은 실수를 저질렀다. 다만 규모는 우리보다 훨씬 더 컸다.

판데식은 중소기업을 겨냥해 SAP의 기업자원계획수립 소프트웨어의 저가형 모델을 만들자는 목적에서 설립됐다. 1997년 설립 당시만 해도 기대감이 넘쳤고, 출자금만 1억 달러에 이르렀다. 인텔과 SAP는 이 전도유망해 보이는 합작 벤처회사를 이끌어나갈 최고의 인재를 신중하게 선별했다. 그러나 불과 3년 뒤에 그 선택은 엄청난 실패로 드러났다. 사실상 계획대로 된 게 전무했다. 나중에 후회하면서 어찌어찌하지 말았어야 한다는 식으로 뒷말을 늘어놓기 쉽지만, 한 가지 확실한 건 판데식의 경영을 위해 양사가 뽑았던 사람들은 많은 경험에도 불구하고 적절한 사람이 아니었다는 사실이다.

맥콜이 제시한 이론의 렌즈를 통해 보면 그 이유를 이해할 수 있다. 판데식의 고위 경영진은 이력이 화려했지만, 어느 누구도 신생 벤처 사업을 시작해 본 경험이 없었다. 또 아무도 첫 번째 전략이 실패했을 때 전략을 수정하는 방법을 알지 못했다. 또한 새로운 브랜드 제품을 더 크게 성장시키기에 앞서 수익 창출 방법을 이해하려고 애쓴 경험도 없었다.

판데식의 경영진은 각자 예전에 있었던 세계 일류 기업에서 질서정연하게, 충분한 자원의 지원을 받는 프로젝트 운용에 익숙했던 사람들이었다. 인텔과 SAP는 신생 기업이 아니라 두 회사에 버금가는 큰 기업을 경영할 수 있는 경영진을 선발해 버렸다. 이렇게 선출된 경영진은 신성장 프로젝트를 창조하고 추진할 수 있는 적절한 경험의 학교를 다닌 적이 없었다. 결과적으로 판데식은 인텔과 SAP의 역사를 설명할 때 붙는 각주로 전락하고 말았다.

경험의 학교에서 들을 수업 계획하기

맥콜의 이론에 따르면, 경험의 학교에서 적절한 과정을 밟는 사람은 어떤 상황에서건 성공할 확률이 올라간다.

내가 가장 존경하는 CEO 가운데 한 명인 놀런 아키볼드Nolan Archibald는 내 제자들에게 맥콜의 이론에 대해 설명한 적이 있다. 놀런 아키볼드는 〈포천〉이 선정한 500대 기업인 블랙앤데커Black&Decker에서 최연소 CEO를 지낸 것을 포함해서 화려한 경력을 자랑했다.

은퇴 후 그는 내 제자들에게 자신의 경력 관리 노하우를 전수해 주었다. 그는 이력서에 게재된 그동안 쌓아온 온갖 기록보다는 그런 기록을 갖게 된 배경을 이야기했다. 그가 직접 '경험의 학교'라는 말을 쓰지는 않았지만, 그는 경험의 학교에서 열린 특별 수업 과정에 등록해서 경력을 쌓았다. 아키볼드는 대학을 졸업할 무렵 머릿속에 분명한 목표를 갖고 있었다. 그는 성공 기업의 CEO가 되고 싶었다.

그러나 보통 사람들이 적절하고 명망 있으면서 그러한 목표를 세우는 데 디딤돌이 될 거라고 생각하는 일을 시작하기보다는 자신에게 이런 질문부터 해보았다. '성공한 CEO가 될 능력을 갖춘 사람이 되기 위해 내가 배우고 정복해야 할 모든 경험과 문제는 무엇인가?'

이런 질문을 먼저 던졌다는 건 사회생활 초기에 이례적인 행동을 취할 준비를 끝마쳤다는 의미였다. 그는 경영진이 되는 지름길처럼 보이는 일자리를 얻거나 임무를 맡기보단 자신이 배울 수 있는 경험이 뭔지 확인하며 아주 신중하게 선택했다. 이는 그의 경영대학원 동기들은 언뜻 이해하지 못했을 수 있는 행동이었다.

그는 내 학생들에게 "나는 절대 임금이나 체면 때문에 결정하는 법이 없었습니다. 대신에 항상 내가 이겨내기 위해 씨름할 만한 경험을 주는지의 여부를 따졌습니다"라고 말했다.

경영대학원 졸업 후 그가 첫 번째로 고른 일은 화려한 컨설턴트 자리가 아니었다. 그는 퀘벡 주 북부에서 석면 광산을 운영하는 회사에서 경력을 쌓기 시작했다.

당시에 그는 어려운 환경 속에서 사람들을 관리하고 지도하는 특별한 경험이 경영자가 되는 길에서 반드시 겪어야 할 중요한 경험이라고 생각했다. 이는 그가 내린 많은 유사한 결정 중 하나였다.

아키볼드의 전략은 통했다. 얼마 안 가 그는 베아트리체 푸드Beatrice Foods의 CEO가 되었다. 그리고 42세의 나이에 더 높은 목표를 이뤘다. 〈포천〉 선정 500대 기업 CEO들 중 최연소로 블랙앤데커의 CEO로 임명됐다. 그는 이후로 24년 동안 CEO 자리를 지켰다.

주전에게
필요한 과정

그렇다면 앞으론 자기가 맡은 일에서 뭘 해야 할지를 배운 경험이 없는 경영자를 고용하거나 승진시켜서는 절대 안 되는 걸까? 이 질문에 대한 대답은 상황에 따라서 달라진다. 일을 완수하는 데 필요한 프로세스가 갖춰지지 않는 신생 기업에서는 개인들(자원)이 일을 마무리하는 주체이다. 이런 상황에서는 아무 경험이 없는 사람에게 일을 맡기기 위험하다. 사람들을 지도할 프로세스가 없는 상황에선, 노련한 사람들이 다른 사람들을 이끌어줘야 한다. 반면 프로세스에 따라서 직원들에게 대부분의 지침이 전달되고, 직접 구체적 경험을 해본 적이 없는 경영진에 대한 의존도가 낮은 기업들에서는 경험을 통해 배워야 할 사람을 채용하거나 승진시키는 게 합리적이다.

사람들이 원하기 전에 경험하게 해줌으로써 얻는 가치는 비즈니스 외에 많은 다른 분야에서도 확인된다. 내가 자랄 때 좋아했던 농구 팀의 코치는 항상 크게 승리하기 위해 애썼다. 그의 열혈 팬이었던 나는 우리 팀이 30포인트 차이로 경쟁 팀들을 이기는 걸 보기 좋아했다. 늘 주전으로 뛰는 다섯 명의 이름을 알고 있었다. 후보 선수 중에서도 가끔 경기에 몇 분씩 뛰는 한두 명 정도는 이름을 알았다. 그러나 그 외에 다른 선수들은 누가 누군지 몰랐다. 코치는 상대 팀이 크게 벌어진 점수 차를 줄일 수 없다고 자신할 때까지 주전 다섯 명만을 끝까지 기용했다. 그래서 종종 35포인트 차이로 승리했다.

벤치에 앉아 있던 선수들은 경기가 끝난 후 다른 사람들의 눈을 피해 1~2분 정도 '쓰레기 줍기 시간'을 가졌다. 나와 친구들은 그런 시간을 '청소 시간'이라고 불렀는데 그 시간 동안 누가 뭘 줍건 중요하지 않았다. 어쨌든 나는 그 모습을 보면서 이들이 이 세상 최고의 팀에 속한 똑똑한 선수들이라는 사실을 놓쳐버린 적도 있다. 정말로 수만 명의 좋은 선수가 그 팀에 지원했지만 붙지 못했던 사실만 봐도 후보조차 얼마나 뛰어났는지를 알 수 있다.

그러다 항상, 그것도 크게 이기겠다는 코치의 욕심에는 한계가 있다는 걸 깨닫게 한 경기를 기억한다. 평상시와 마찬가지로 그들은 결승전까지 승승장구했다. 그러나 그해에는 우승을 다투던 팀이 특히 잘했다. 스타팅 멤버들은 특히 코치가 기대하는 대로 앞서 나가려면 그 어느 때보다 더 열심히 노력해야 했다. 결국 3쿼터가 끝날 무렵에 스타팅 멤버들이 지쳤다.

나는 텔레비전 브라운관을 통해 코치의 모습을 지켜봤다. 그는 벤치를 한번 쭉 훑어봤다. 그는 경기 종료가 몇 분밖에 남지 않아서 선수를 교체해도 위험하지 않을 때까지 굳이 그런 행동을 취한 적이 없었다. 하지만 이번엔 그 중요한 순간에 경기에 투입해야 할 선수가 필요했다. 이때 문제가 생겼다. 그는 벤치에 앉아 있는 후보 선수들을 한 명도 신뢰하지 않았다. 부담을 느끼면서 기량을 늘릴 수 있었던 긴박한 상황 때 후보 선수를 써 본 적이 없었기 때문이다. 결국 그는 지친 주전 선수들을 데리고 끝까지 경기를 계속했고, 리그 우승을 놓쳤다.

코치가 주도한 경험의 학교는 '부담감을 극복하는 방법'이란 과정을 아무에게나 자유롭게 개방하지 않았다. 주전 다섯 명을 제외한 다른 모든 선수에게는 폐쇄된 과정이었다. 결국 팀은 그로 인한 대가를 치렀다.

내 아이에게 가장 필요한 것

누구나 지금까지 걸어온 인생을 되돌아보면 경험의 학교를 여러 번 방문해 봤을 것이다. 개중에는 부담감을 극복하는 법을 가르치는 농구 팀 과정처럼, 다른 과정보다 더 고통스러웠던 적도 있었을 것이라 장담한다. 막상 문제 상황이 코앞에 닥치기 전 어떤 과정을 정복하는 게 왜 중요한지를 파악한다면 우리에게 매우 도움이 될 것이다.

부모로서 당신은 일찍부터 자식들에게 중요한 과정을 밟도록 자잘한 기회들을 찾아줄 수 있다. 아이가 성장하기 위해 어떤 과정을 밟아야 하는지 고민하고 적절한 경험을 쌓게 유도함으로써 놀런 아키볼드가 했던 일을 하는 셈이다.

아이들이 높은 목표를 세워서 그 목표를 향해 뻗어나가도록 응원하라! 성공하지 못하더라도 올바른 교훈을 배울 수 있게 곁에서 도와라. 또한 아이들이 위대한 목표를 성취하겠다고 결심해도 가끔 그 목표를 성취하지 못할 수 있음을 명심하라. 아이들에게 넘어지면 스스로 일어나고, 먼지를 툭툭 털고, 다시 시도해 볼 것을 권하라. 가끔 아이들에게 실패하지 않는다면 충분히 높은 목표를 추구하고 있지 않아서 그렇다고 말하라. 누구나 성공을 축하하는 법을 안다. 하지만 아이가 달성하기 힘든 목표를 향해 정진하다가 실패한다면 그 실패 역시 축하해 줘야 한다.

부모로서 아이의 실패를 축하하기 힘들 수도 있다. 우리 사회의 문화는 아이들이 결코 경쟁에서 지지 않게 만들고, 최선을 다하면 무조건 칭찬하고, 교사나 코치로부터 피드백을 계속 받아서 더 잘하게 할 뿐 직접 고민할 기회를 주지 않음으로써 아이들의 자존심을 세워주려는 데만 몰두한다. 아주 어릴 때부터 운동 경기에 참여한 많은 아이들은 시즌이 끝난 후 참가하기만 했다는 이유로 메달이나 트로피나 리본을 받는다. 몇 년이 지나면서 그렇게 받은 메달과 상이 아이들 침실 구석에 쌓이기 시작하고, 시간이 가면서 그 의미가 퇴색된다. 아이들은 메달과 상으로부터 사실상 아무것도 배우지 못한다.

어떤 면에서 상은 부모가 받은 것이다. 메달과 리본이 쌓이는 걸 보면서 가장 만족하는 사람이 부모일 때가 종종 있다. 힘든 실패를 겪은 아이들을 위로하기보다는 좋은 성과를 낸 아이들을 칭찬하면 부모로서 분명 기분이 더 좋다. 부모 입장에서는 아이들이 항상 성공할 수 있도록 부모가 끼어들고 싶은 유혹을 강하게 느낀다. 그러나 그렇게 해서 아이들은 무엇을 얻을 수 있는 걸까?

지난 몇 년 동안 보이스카우트들과 일하면서 나는 부모가 대신 캠핑 여행을 준비하기보다는 아이들이 직접 나서서 준비해 보기를 원했다. 자신이 직접 여행 준비를 해본 아이들은 계획 수립과 조직, 책임 분담, 집단 내 소통, 우선순위 설정 방법 등을 배웠다.

부모가 캠핑 여행 때마다 '할 일' 목록에 적힌 것들을 대신해

주고 분담해 주면 아이들 입장에서는 훨씬 더 쉽게 여행할 수 있다. 부모는 모든 만일의 사태에 효과적으로 대비할 테고, 아이들은 분명 즐거울 것이다. 아이들은 그냥 캠핑에 참가만 하면 된다. 하지만 부모가 그렇게 아이들을 도와준다면 그들에게 리더십, 조직화, 책무성이라는 중요한 과정을 체험하지 못하게 막는 것과 같다.

부모는 아이들이 인생에서 여러 가지 과정을 듣게 도와줄 기회를 얻는다. 아이들이 모든 걸 잘하는 건 아니다. 예를 들어 부모는 전 세계 각국의 저녁 식사를 조사해야 하는 아이의 숙제를 도와줘야 할지도 모른다. 아이가 내일까지 중요한 보고서나 프로젝트를 끝마쳐야 하는데 아직까지 시작도 못 했다고 투덜댈지도 모른다. 누구도 아이가 나쁜 성적을 받아오기를 원하지 않는다. 이때 공포가 엄습한다.

부모는 어떻게 해야 하나?

많은 부모들이 늦은 밤까지 아이들이 프로젝트를 끝내게 도와준다. 또 어떤 부모는 아이가 좋은 성적을 받기를 바라면서 자기가 직접 프로젝트를 끝낼지도 모른다. 이런 식으로 온갖 종류의 좋은 의도가 개입된다. 부모는 좋은 성적이 아이가 건강한 자존심을 유지하는 데 도움이 될 걸로 기대할지 모른다. 심지어 '내가 대신에 이 숙제를 끝내면 아이가 오늘밤에 푹 자서 내일 학교에서 힘든 일도 잘할 거야. 우리 애가 이 힘든 일을 끝내게 도왔으니 나는 아이에게 도움을 주는 부모가 분명해'라고 생각할지도 모른다.

그러나 당신이 어려움에 처한 아이를 돕기로 결정하면서 아이에게 어떤 학습 과정을 겪게 했는지 돌아보라. 당신은 아이에게 '클리프 노트Cliff Notes(미국의 출판사 이름이자, 그 출판사에서 펴낸 '명작을 정리한 학습 참고서' 시리즈-옮긴이)'를 준 것과 같다. 즉 아이들에게 쉽게 지름길만 가는 법을 알려주는 경험 학습 과정을 수료하게 만든 것이다. 부모의 도움을 받아 당면한 문제를 손쉽게 해결한 아이들은 이제 '우리 아빠와 엄마가 대신 어려운 문제를 풀어주실 거야. 내가 혼자서 이해할 필요가 없어. 성적의 결과가 중요하지 과정이 중요한가?'라고 여길 것이다.

아이가 다음에도 프로젝트 해결을 잘 못할 경우 무슨 일이 벌어질까? 아이는 저녁 식사 때 부모에게 도움을 요청할 것이다. 그리고 부모는 또다시 새벽 3시까지 아이의 숙제를 대신 마쳐줄 것이다.

부모에게 용기 있는 결심은, 아이에게 더 어렵지만 더 가치가 있는 인생의 경로를 밟게 만드는 것일지 모른다. 아이가 중요한 과제를 소홀히 했을 때 어떤 결과를 얻는지를 깨닫게 하라. 아이는 혼자 힘으로 과제를 끝내기 위해 밤늦게까지 애쓰거나 아니면 과제를 못 끝냈을 때 일어날 일들을 예상할 것이다. 그렇다. 아이가 나쁜 성적을 받을지도 모른다. 그러면 아이보다 부모의 마음이 더 고통스러울 수도 있다.

그러나 그런 고통을 맛본 아이는 자신이 자초한 일에 기분이 좋을 리 없다. 이것이 스스로 책임을 지는 과정에서 얻게 되는 첫 번째 교훈이다.

배워야 할 것을
가르치는 부모

어려운 상황이 닥치면 부모는 본능적으로 아이를 돕고 싶다고 느낄 때가 많다. 그러나 아이들이 어려운 도전을 겪어보지 못한다면 평생 필요한 회복력을 쌓지 못할 것이다. 사회생활을 하면서 몇 년 동안 멈추지 않고 성공을 거두다가 처음으로 중요한 장애물을 만나본 사람은 종종 그대로 허물어져버린다.

자식에게 그런 일이 일어나기를 바라는 부모는 없다. 아이들이 어떤 능력을 개발하면 좋겠는지, 그리고 어떤 경험이 그런 능력을 얻는 데 도움이 될지를 의식적으로 생각해 봐야 한다. 아이가 인생을 살아가면서 필요한 능력을 키우는 데 도움을 줄 만한 것을 체험할 기회를 설계하는 방안에 대해 생각해야 할지도 모른다. 그런 생각은 쉽지 않아도 충분한 가치가 있다.

친구 중 한 명이 최근 여덟 살 딸아이가 학교 독후감 숙제를 하면서 책 표지의 내용 설명 문구를 거의 그대로 옮겨놓은 걸 발견했다. 엄마는 딸아이에게 다정하게 그대로 베끼면 안 된다고 말해 주면서 내용 가운데 한 부분을 지적하며 "'그를 버린 아버지와 타협한다'라는 말이 무슨 뜻인지 아니?"라고 물었다. 그러자 아이는 그저 "몰라도 돼요, 엄마. 안 중요해요"라고만 말했다.

이제 이 엄마는 표절이 심각한 문제라는 걸 알았다. 표절 때문에 앞으로 미래가 창창한 딸아이가 빗나간 고등학교나 대학 생활을 하게 되고, 사회생활도 완전히 망칠 수 있다고 생각했다. 그래서 아이를 위해 어떤 경험을 만드는 걸 도와달라고 선생님에게 부탁하기로 결심했다. 그녀는 선생님이 딸아이가 한 짓을 알았을 때 몰래 아주 조금만 딸아이를 당황시킬 순간을 만들었다. 선생님이 무슨 말을 했는지 모르지만 어쨌든 작전은 효과가 있었다.

그날 학교 수업을 마치고 집에 들어오자마자 딸아이는 컴퓨터 앞으로 가서 독후감 '편집'을 시작했다. 이번에는 완전히 자기가 찾아낸 말로 썼다. 멋지거나 혹은 깊이 있게 쓴 건 아니지만 완전히 자신이 쓴 독후감이었다. 내 친구는 아직까지 큰 위험이 없었을 때 딸아이에게 소중한 경험을 선사했다. 그 친구는 딸아이가 나중에 훨씬 더 중요한 일을 해야 할 때 이런 일이 되풀이되지 않기를 바랐다.

아이에게 맞는 경험을 만들어준다고 해서 아이가 배워야 할 걸 배우게 된다고 보장하지는 못한다. 만약 그렇다면 그 경험이 효과를 보지 못한 이유를 찾아야 한다. 적절한 이유를 찾을 때까지 여러 다른 것들을 반복적으로 검토해 봐야 할지 모른다.

부모에게 중요한 건 늘 그렇지만 포기하지 않는 것이다. 아이가 미래를 준비하는 데 필요한 적절한 경험을 하게 도와주려는 노력을 멈춰서는 안 된다.

이번 장을 시작할 때 소개했던 경영자의 채용 사례에서 이력서로 성공 여부를 판단하듯, 마찬가지로 아이의 성적표를 갖고 학업 성취도를 판단하려고 하기 쉽다. 그러나 장기적으로 봤을 때 우리 아이들이 다양한 경험의 학교를 거치면서 어떤 과정을 밟았는지가 훨씬 더 중요하다. 어떤 상이나 트로피보다도 이것은 사회로 진출하는 아이들의 성공 준비를 도와주는 최고의 방법이다.

아이들이 겪는 도전은 중요한 목적을 충족시킨다. 즉 도전은 아이들이 한평생 살면서 성공하는 데 필요한 기술을 연마하고 개발할 수 있게 도와줄 것이다. 가령 까다로운 선생님을 상대하고, 운동 경기에서 패하고, 학교 내 복잡한 사회적 파벌 구조를 헤쳐나가는 법을 배우는 일들이 모두 경험의 학교 내 학습 과정이 된다.

우리는 자신이 하는 일에서 실패한 사람들이 본래 성공할 수 있는 능력이 없어서가 아니라 그런 일이 주는 도전을 준비하는 경험을 해본 적이 없어서 실패했다는 걸 알고 있다. 한마디로 말해서 그들은 지금까지 잘못된 과정을 밟아온 사람들이다.

많은 부모들이 자연스럽게 좋은 성적과 체육대회 우승 등 아이의 이력을 쌓는 데 전적으로 몰두한다. 그러나 아이들이 미래를 대비하기 위해서 밟아야 할 과정을 무시하는 건 잘못이다. 자, 이제 돌아가서 아이들이 성공하는 데 필요한 기술을 쌓는 데 도움이 될 적절한 경험을 찾아라. 당신이 아이들에게 줄 수 있는 가장 위대한 선물 중 하나가 될 것이다.

보이지 않는
문화를 만드는가

●●●●● 누구나 우리 가족이 어땠으면 좋겠다는 이상적인 이미지를 머릿속에 그려본다. 우리는 아이들이 올바르게 행동하고, 부모를 공경하고, 가족이 늘 함께 즐거운 시간을 보내고, 아이들이 부모의 도움 없이 사회로 진출해서 자랑스럽게 행동해 주기를 바란다. 그러나 경험이 있는 부모라면 그런 가족을 원하는 것과 실제로 그런 가족을 갖는다는 건 완전히 별개의 문제라고 말할 것이다. 이렇듯 우리가 원하는 가족과 실제 가족 사이의 차이를 메워주는 가장 강력한 도구 중 하나는 '문화'이다. 우리는 문화의 메커니즘을 이해하고, 문화가 형성되는 데 영향을 주기 위해 열심히 노력할 준비를 해야 한다.

마차가 언덕을 넘어갈 때

어느 부모나 걱정하는 게 똑같다. 어느 날 아이들이 어려운 결정을 내려야 할 때 올바른 결정을 내리도록 곁에서 도와주지 못할까 봐 걱정한다. 아이들은 비행기를 타고 친구들과 함께 먼 이국 땅으로 여행을 떠나게 될지도 모른다. 혹은 대학에 입학해서 시험을 보다가 부정행위를 저지를 기회를 맞을 것이다. 혹은 생면부지의 사람에게 친절하게 굴어야 할지(혹은 그 사람 삶에 중대한 변화를 초래할 중요한 일을 할지) 결정해야 할 것이다. 그럴 때 우리가 할 수 있는 일이라고는, 어쨌든 아이들을 충분히 잘 키웠으니 그들 스스로 올바른 결정을 내릴 거라고 기대하는 것뿐이다.

여기에서 이런 질문을 던져보자. 우리가 어떻게 기대하고만 있을 거라 확신하는가?

이 같은 기대는 가훈을 정하고 잘 지켜지리라 기대하는 것만큼이나 간단하지 않다. 그보다 근본적인 어떤 일이 생겨야 한다. 그것도 아이들이 어려운 선택에 직면하기 몇 년 전에 생겨야 한다. 아이들이 자신의 선택을 평가하고, 올바른 선택을 할 수 있는 방법을 알려면 그들의 우선순위가 올바로 정해져야 한다. 아이들이 그렇게 할 수 있도록 돕는 최고의 도구는 가족 문화이다.

이런 점에서 기업과 가족은 매우 유사하다. 당신이 좋은 결정을 내리기를 당신의 부모가 바라는 것처럼 기업의 리더들도 회사 내 어디서나 중간관리자와 종업원들이 지속적인 감시를 받지 않아도 정말로 올바른 선택을 해주기를 원한다. 이건 새로운 이야기도 아니다.

고대 로마 시대에 황제는 수천 마일 떨어진 땅을 정복하고 그

곳을 통치하기 위해 심복을 보내곤 했다. 황제는 자신을 대신할 심복이 탄 마차가 언덕을 넘어가는 모습을 지켜보며 (오랫동안 다시 보지 못한다는 걸 알면서) 자신과 심복의 우선순위가 서로 일치하고, 심복이 문제 해결을 위해 효과가 입증된 안정된 방법을 쓸 것임을 확신해야 했다. 문화는 그렇게 될 것임을 확인할 수 있는 유일한 방법이었다.

회사에서 문화가 만들어지는 과정

문화란 무엇인가? 매일 귀가 닳도록 듣는 단어가 문화지만, 이 단어를 듣고 다른 것을 연상해서 생각하는 사람들도 많다. 회사에서는 자유복을 입는 금요일, 간이식당에 구비된 공짜 음료수, 혹은 개를 데리고 출근할 수 있는지 여부 등 근무 환경 내에서 눈에 보이는 요소들을 문화로 여기는 게 보통이다. 그러나 세계 일류의 조직 문화 전문가인 MIT의 에드가 샤인Edgar Shein 교수의 설명대로라면 그런 것들이 문화를 정의하지는 못한다. 그저 문화가 낳은 인공적 산물일 따름이다.

티셔츠에 반바지 착용을 허용하는 사무실도 서열이 매우 엄격한 공간일 수도 있다. 그곳 문화가 여전히 '자유롭다'고 볼 수 있을까?

문화는 일반 사무실 분위기나 회사에서 정해 놓은 지침을 훨씬 더 벗어난다. 샤인은 다음과 같이 문화와 문화의 형성 방법을 정의했다.

> 문화는 매우 자주, 그리고 성공적으로 추종되어 사람들이 다른 방식으로 일을 해볼 엄두도 내지 못한 채 공통적인 목표를 향해 함께 노력해 가는 방식이다. 어떤 문화가 형성됐다면 사람들은 자동적으로 성공하기 위해 해야 할 일을 할 것이다.

문화는 하루아침에 생기지 않는다. 그보다 문제를 해결하기 위해 함께 노력하고 무엇이 통하는지를 이해하는 직원들이 함께 학습해서 얻어낸 결과이다. 어떤 조직에서든 맨 처음에 문제나 도전이 생길 때 다음과 같은 질문들을 던진다.

- 이 고객의 불만을 어떻게 해결할까?
- 우리가 한차례 더 품질 테스트를 해볼 때까지 제품 출시를 미뤄야 하나?
- 어떤 고객에 최우선순위를 둬야 하나?
- 신경을 써야 할 고객의 요구와 무시해도 좋은 고객의 요구는 무엇인가?
- '충분히 좋다'라는 평가가 신제품의 출하 시기를 결정하는 납득할 만한 기준인가?

문제나 일이 생길 때마다 책임자들이 모여서 그것을 성공적으로 극복하기 위해 해야 할 일과 일하는 방법을 결정한다. 그런 결정과 행동이 성공적인 결과(예를 들어 '충분히 좋은' 제품의 품질은 고객을 행복하게 해주었다)로 이어진다면, 다음에 직원들이 비슷한 도전에 직면했을 때도 이전과 똑같은 결정과 똑같은 방식의 문제 해결법을 동원할 것이다.

반면에 실패해서 고객이 화난 채 떠나버리고 경영자가 직원들을 꾸짖는다면, 직원들은 이때 썼던 방법을 쓰는 걸 극도로 주저할 것이다.

직원들이 문제를 해결할 때 이는 단지 문제를 해결하는 차원에서 끝나는 게 아니다. 직원들은 문제를 해결하면서 중요한 게 무엇인지를 배우는 것이다. 앞서 설명했던 능력의 관점에서 보면, 직원들은 이때 기업 내 우선순위와 그것을 실행하는 방법을 이해하게 된다. 문화는 조직 내 프로세스와 우선순위 사이의 독특한 조합이다.

직원들이 선택한 방식이 문제 해결에 지속적인 효과를 내는 한(그것이 완벽할 필요는 없고 충분히 좋은 효과를 내기만 하면 된다), 문화는 회사 내 직원들이 당면한 선택을 할 때 참고하면 되는 사규와 지침의 집합으로 통합될 것이다. 협력과 우선순위를 정하는 방법을 정해 놓은 이런 식의 패러다임이 거듭 성공적으로 활용된다면, 앞으로는 직원들이 하던 일을 중단하고 협력 방법을 몰라서 서로 묻는 사태는 벌어지지 않는다. 이렇게 되면 이제 조직은 효과적으로 자기 관리가 가능한 조직으로 변신할 수 있다. 경영진은 규칙을 강요하려고 동분서주할 필요가 없다. 사람들은 본능적으로 해야 할 일을 할 테니까.

이와 같이 강력한 문화를 가진 기업의 사례는 많다.

예를 들어 〈니모를 찾아서〉, 〈업〉, 〈토이 스토리〉처럼 고도로 창조적이면서 비평적 찬사를 받은 어린이 애니메이션으로 유명한 픽사Pixar는 서류상으로는 다른 애니메이션 스튜디오와 별로 달라 보이지 않을지 모른다. 그런데 픽사는 독특한 문화를 개발해 왔다.

무엇보다 픽사의 창조적 프로세스가 큰 차이점이다. 많은 영화 스튜디오들은 영화 창작 아이디어를 내는 개발 부서를 갖고 있고, 찾아낸 아이디어를 영화로 만들기 위해 감독에게 넘긴다. 하지만 픽사는 이런 식으로 일하지 않는다. 픽사는 아이디어를 만들어 감독에게 영화로 제작하라고 넘겨주기보다는 감독이 원래부터 갖고 있던 본인의 아이디어를 갖고 영화를 만들면 더 동기부여가 많이 된다는 걸 알고 있다.

따라서 픽사는 감독이 아이디어를 찾아내게 지원하는 일에 몰두한다. 픽사의 개발 팀은 매일 이야기를 만드는 데 필요한 인풋input을 제공한다. 회사에서 제작 중인 모든 영화에 이렇게 한다. 이런 프로세스에는 각 영화 제작에 개입하지 않는 사람들로부터 온갖 피드백을 받는 절차도 포함되어 있다.

그런데 이 피드백이 잔인할 정도로 솔직할 수도 있다. 하지만 픽사의 직원들은 그런 정직함을 존중한다. 픽사 직원이라면 누구나 완성도가 높고 독창적인 영화를 만들자는 똑같은 목표를 공유한 채 일한다. 그 목표가 그들에게 최우선 순위이다. 픽사에서는 꾸밈없는 피드백이 중시된다. 더 좋은 영화를 만드는 데 유용해서다.

이러한 프로세스와 우선순위들이 픽사의 창조적 문화로 통합되어왔다. 이렇게 작업함으로써 영화마다 큰 성공을 거두자 픽사의 문화는 견고하게 자리를 잡았고, 이제 사람들은 제작 일정에 차질을 줄 수 있다는 이유로 영화에 대한 비평을 자제해야겠다는 생각을 하지 않는다. 그들은 그런 비평이 위대한 영화를 제작하는 데 더 중요하다는 걸 알고 있다.

그렇다고 해서 픽사에서 직원들이 함께 협력하는 방식을 영화 산업에 종사하는 모든 다른 회사들이 똑같이 모방해야 한다는 말은 아니다. 그보다 나는 픽사 사람들이 이런 식의 작업 방식을 매우 성공적으로 활용해왔다는 사실만을 말하고 있을 뿐이다.

이제 픽사 직원들은 행동 규범이나 결정, 의견 교환 방식 등을 물어볼 필요가 없다. 픽사는 자체 문화 덕분에 많은 면에서 자기 관리가 잘되는 회사가 되었다. 경영진은 모든 결정의 세세한 면까지 간섭할 필요가 없다. 픽사의 문화가 사실상 경영진의 에이전트로서 모든 결정의 세세한 면까지 영향을 주기 때문이다.

기업의 경쟁적·기술적 환경이 지금 상태를 유지하는 한, 기업 문화가 가진 장점은 계속해서 축복으로 남을 것이다. 그러나 만일 환경이 크게 바뀐다면, 문화의 장점은 변화를 추구하기 힘들게 만들 것이다.

문화가 어떻게 창조되는지에 대한 샤인 교수의 분명한 설명은 경영진이 자기 조직에 맞는 문화를 창조할 수 있게 한다. 단, 이때 경영진은 규칙을 따라야 한다는 게 조건으로 붙는다. 문화 창조는 반복적으로 일어나는 문제의 정의로부터 시작한다. 이어 경영진은 팀을 꾸려 문제 해결 방법을 찾아볼 것을 요청해야 한다.

팀이 실패할 경우, 경영진은 문제를 해결할 수 있는 더 나은 방법을 찾아보라고 요청해야 한다. 반대로 성공한다면 경영진은 똑같은 팀에게 문제가 생길 때마다 계속해서 해결하라고 요청해야 한다. 팀이 성공적으로 문제를 해결하는 횟수가 늘어날수록 팀이 설계한 대로 문제를 해결해야 한다는 게 더 본능적으로 굳어진다. 어떤 조직에서나 문화는 반복을 통해 형성된다. 이런 식의 일처리 방식이 기업 문화로 자리를 잡는다.

많은 기업들은 확실하게 회사 문화를 정해두는 데서 가치를 찾는다. 그렇게 되면 경영진이 아니라 문화가 올바로 일이 되게 만든다. 일단 효과적인 문화를 찾아냈다면 기업은 그 문화를 명시하고 최대한 많이 이야기해야 한다.

넷플릭스Netflix를 예로 들어 보자. 이 회사는 문화를 정의하고 적어두는 데 엄청난 시간을 투자했다. 단, 이 문화가 모든 기업에게 적합하지는 않을 수 있다. 온라인에서 자유롭게 구할 수 있는 넷플릭스가 정의한 문화를 살펴보면 다음과 같다.

- 휴가 정책 없음. 훌륭하게 일하고 맡은 바 책임을 다하는 한 원하는 대로 휴가를 쓸 것.
- '뛰어난' 직원들만 일할 수 있음. '적당하게' 일하는 직원에게는 넉넉한 퇴직금과 위로금을 주겠음. 회사는 대신 A급 직원을 뽑겠음.
- '자유와 책임' 대 '명령과 통제'. 좋은 경영자는 직원들에게 결정을 내릴 수 있게 적절한 전후 맥락을 알려주고 직원들이 결정을 내림.

그러나 경영진은 문화가 무엇인지를 알려주는 일에만 시간을 쏟을 수는 없다. 문화와 100퍼센트 어울리는 결정도 내려야 한다. 넷플릭스는 반드시 그렇게 해서 유명해졌다. 하지만 기업이 자사 문화에 대한 문서를 공표하고서도 그 문화와 전혀 어울리지 않게 행동하는 경우가 드물지 않다.

그런 사례는 주위에 넘쳐난다. 파산한 정유회사 엔론은 '비전과 가치' 선언문을 갖고 있었다. 이 회사는 '존중, 성실함, 커뮤니케이션, 뛰어남'이란 가치에 어울리는 행동을 하기로 목표를 세웠다.

〈뉴욕타임스〉 보도에 따르면 엔론이 말하는 '존중'이란 구체적으로 다음과 같은 뜻이었다.

'우리가 대우받고 싶은 대로 남들을 대우하라. 우리는 모욕적이거나 경멸적인 대우를 참지 못한다. 무례함, 냉담함, 오만은 여기서 통하지 않는다.'

분명 엔론의 경우 맨 위 경영진에서부터 아래 직원들에 이르기까지 회사가 내세운 가치대로 살지 않았다. 문화를 분명히 정해놓지 않거나 혹은 분명히 정해놓고 그대로 실행하지 않는다 해도 문화는 여전히 등장할 것이다.

문화는 조직 내에서 반복되고 통했던 프로세스와 우선순위를 바탕으로 만들어질 것이다. '뭔가를 어떻게 해야 할지 선택의 기로에 섰을 때 직원들은 문화가 원하는 대로 결정을 내렸는가? 그리고 그들이 받은 피드백이 문화와 일치했는가?'라는 질문을 던지면서 기업 문화의 건전성을 평가할 수 있다. 만일 이런 요소들이 적극적으로 관리되지 않는다면 단 한 번의 잘못된 결정이나 잘못된 결과라도 아주 쉽게 기업 문화를 완전히 잘못된 길로 들어서게 만들 수 있다.

우리 가족은 이렇게 행동한다

기업과 가족 사이에 분명 유사점이 존재한다. 문제 해결을 위해 적절한 우선순위에 따르는 직원들과 함께 일하고 싶은 경영자처럼 부모도 마찬가지다. 가족 구성원들이 부모가 옆에서 지도하거나 관찰하는지 여부와 상관없이 문제를 풀고 본능적으로 딜레마를 극복할 수 있게 우선순위를 정해 두길 원한다. 그러면 아이들은 멈춰 서서 엄마나 아빠가 바라는 일이 뭔지 고민할 필요가 없다. 아이들은 그렇게 부모가 바라는 일을 할 것이다. 가족 문화가 '우리 가족은 이렇게 행동한다'라고 정해 놓았기 때문이다.

문화는 의식적으로 정해지거나 무심코 진화할 수 있다. 가족이 모든 식구들이 따라야 할 명확한 우선순위를 가진 문화를 갖기 원한다면, 그러한 우선순위가 선제적으로 문화 속에 설계되어야 한다. 문화는 앞에 지적한 여러 단계를 거치면서 형성될 수 있는데, 당신이 가족 내에서 만들어지기를 바라는 방식대로 만들어져야 한다. 또한 미리부터 계속해서 문화에 대해 생각해야 한다. 가족이 친절한 문화를 갖기 원한다면, 아이들 중 한 명이 다른 사람들에게 친절하게 굴어야 할지 여부를 결정해야 하는 문제를 최초로 겪을 때 그 아이가 친절함을 통해 성공할 수 있게 도와줘라. 혹은 아이가 친절하게 굴지 않는다면 아이에게 친절하게 굴 것을 당부하면서 왜 그렇게 굴어야 하는지 이유도 설명해라.

그렇다고 해서 이런 일이 쉽다는 말이 아니다. 우선 당신은 성장해 온 가정으로부터 문화를 습득해 새로운 가정을 꾸렸다. 그런데 당신과 배우자의 가족 문화가 근본적으로 달랐을 가능성이 높다. 어떤 것에라도 두 문화 사이에 합의를 도출한다는 것이 기적이다. 거기다가 아이까지 이 방정식에 첨가된다. 아이들은 각자 나름의 태도와 성향을 갖고 태어난다.

그렇다. 가족 문화를 만들기 어렵다. 하지만 바로 그래서 당신이 어떤 종류의 문화를 원하는지를 알고 선제적으로 추구하는 게 그토록 중요하다.

결혼 당시 우리 부부는 머릿속에 최종 목표를 갖고 있었는데, 바로 분명한 가족 문화였다. 문화적 차원에서 그 목표를 생각하지는 않았지만, 어쨌든 그렇게 하고 있었다. 우리는 아이들이 서로 사랑하고, 서로를 돕길 원한다고 신중하게 판단했다. 또한 아이들이 본능적으로 하나님을 섬기기를 원한다고 보았다. 아이들이 친절하게 행동하기를 원했고 끝으로 우리가 아이들의 일을 좋아했으면 했다.

우리가 꼽은 문화는 우리 가족에게는 적절한 문화이다. 하지만 모든 가족은 그들에게 적절한 문화를 선별해야 한다. 이때 중요한 건, 당신에게 중요한 걸 적극적으로 고른 다음에 샤인 교수가 내세웠던 이론처럼 중요한 요소를 강화할 수 있는 문화를 설계하는 것이다. 그러려면 우리가 어떤 활동을 추구할지, 성취해야 할 결과는 무엇인지를 선택해야 한다. 그래야만 그런 활동들을 또다시 수행해야 할 가족이 모두 '이렇게 하면 된다'라고 생각할 것이다.

우리 부부는 아이들에게 무작정 일을 사랑하라고 명령할 수는 없다는 것을 확실히 알게 되었다. 그래서 항상 아이들이 우리와 함께 일하고, 재미있게 일할 수 있는 방법을 찾기 위해 애썼다.

예를 들어 우리 부부는 아이들이 잔디 깎는 기계 손잡이를 잡고 있지 않으면 정원에서 일하지 않았다. 정말 오랫동안 아이들은 일을 실제적으로 도와주지 못했다. 발이 땅에 거의 안 닿는 아이들이 손잡이에 붙어 있는 상태로 잔디 깎는 기계를 밀고 다니면 잔디를 쉽게 깎을 수가 없어서였다. 그러나 그것은 중요하지 않았다.

진짜 중요한 건, 이와 같은 협력 작업이 아이들에게 일을 좋은 어떤 것으로 정의하게 해주었다는 사실이다. 우리는 함께 일했다. 그리고 분명 재미있었다. 나는 아이들이 아빠 일과 가족 일을 돕고 있다는 걸 알게 했다.

얼마 되지 않아 이러한 가치가 우리 가족 문화 속으로 스며들었다. 마법이나 행운 덕분에 그렇게 된 건 아니었다. 신중하게 계획된 활동과 함께 잔디 깎기처럼 간단한 일을 함으로써 가능했다. 우리는 잔디 깎기 일에 대해 일관성을 유지하기 위해 애썼다. 또 아이들이 왜 이 일을 함께 하고 있는지를 알게 했다. 그리고 항상 아이들의 도움에 감사했다.

이런 이유로 나는 아이들이 어렸을 때 완벽하게 정돈된 집을 살 수 있는 충분한 돈을 갖고 있지 못했다는 것을 사실 매우 기쁘게 생각한다. 그 누더기 같은 첫 번째 집을 사느라 주머니를

톡톡 털었기 때문에 나중에 사람을 불러 집을 수리할 돈이 없었다. 지금은 대부분의 사람들이 이런 일을 완전히 잡일처럼 취급하지만, 우리 집은 수리가 필요한 건 뭐든지 우리 부부와 아이들이 직접 했다. 두 번째 집을 샀을 때도 처음과 비슷하게 우리가 전부 고치며 살았다.

우리는 의식하지 못한 사이에 함께 일할 수 있는 기회가 풍부한 환경 속으로 가족을 데려갔다. 사람을 불러 집수리를 하고 싶을 때도 있었지만 돈이 없어서 그럴 수 없었다. 그래서 아이들이 도와주지 않고서는 허물어진 벽이나 천장을 세우거나 회반죽이나 페인트를 칠할 수가 없었다. 우리는 잔디를 깎을 때도 같은 원칙을 도입해서 재미있게 일했고, 항상 도와준 아이들에게 고마움을 표시했다. 이렇게 하자 아이들의 정신적인 면에서도 긍정적인 효과가 창출됐다. 아이들은 어느 방이건 들어갈 때마다 "내가 저 벽을 칠했다"나 "내가 사포로 닦았다"라고 말하곤 했다. 아이들은 함께 일하면서 느낀 재미를 기억할 뿐 아니라 자신이 한 일을 보고 긍지를 느꼈다. 그들은 일을 사랑하는 법을 배웠다.

가족이 같이 집수리 문제를 해결하면서 우리는 기독교적 가족 문화를 세웠다. 여러 번 같이 집안일을 하자 우리가 어떤 일에 우선순위를 두고, 어떻게 문제를 풀고, 무엇이 정말로 중요한지를 같이 이해하게 되었다.

단 헷갈리면 안 되는 게 있다. 문화는 우리가 원하건 원하지 않건 만들어진다. 오직 문화에 영향을 주기 위해 얼마나 열심히 애쓰느냐가 관건일 뿐이다. 문화란 순식간에 만들 수 있는 고리 같은 게 아니다.

무엇으로 할지 결정하고 사람들에게 알리면 갑자기 알아서 저절로 작동하리라고 기대할 수 있는 무엇도 아니다. 우리는 아이들에게 어떤 일을 하라고 부탁하거나 배우자에게 어떤 일을 할 거라고 말한 이상 그 일을 끝까지 계속할 거라고 확신해야 한다. 사람들 대부분이 일관성을 유지하기 원하는 게 분명하기 때문이다.

그러나 일상생활에서 받는 부담 속에서 그렇게 하기가 힘들 수 있다. 아이보다는 부모에게 규칙을 강요하기가 더 힘든 날이 많을 것이다. 대단한 의도를 가졌더라도 많은 지친 부모들은 일찍부터 그들의 규칙을 일관되게 유지하기 아주 힘들다는 걸 안다. 그리고 불현듯 게으름이나 반항의 문화가 가족에게 스며들게 내버려둔다.

아이들이 형제자매를 때려서 원하는 것을 얻거나 부모가 비합리적인 요구를 한다고 생각하고 말대꾸를 해서 결국 부모로부터 양보를 얻어낸다면 잠시 동안만이라도 성공했다는 느낌을 얻을지 모른다. 아이들이 그런 행동에 빠져들게 방치하는 부모는 사실상 세상은 원래 그렇게 살면 되는 것이니 매번 그렇게 행동해도 원하는 목표를 얻을 수 있다고 가르치는 가족 문화를 만드는 것과 같다.

부모는 아이들이 어릴 적부터 가족 문화로 만들고 싶은 것에서 성공을 맛보게 의식적으로 도와야 한다. 예를 들어 우리 아들 중 하나가 아주 어렸을 때 반 아이들이 한 아이를 괴롭혔지만 아들을 포함해서 누구도 그 상황을 제재하지 않았다는 걸 알았다. 친절함이 우리 가족이 정한 목표 가운데 한 가지였으나 아직 가족 문화의 일부로 자리 잡지는 못한 것이었다. 그래서 새로운 가훈을 만들었다. '우리 식구들은 친절한 걸로 유명해지고 싶다'였다.

이 가훈을 주제로 이야기를 나눴고, 특히 아들 녀석에게 괴롭힘당하는 급우를 돕는 방법을 가르쳤다. 우리는 아들 녀석이 급우를 도와줬을 때와 다른 아이들이 타인에게 친절함을 베풀었을 때 칭찬해 주었다. 그렇게 우리 부부는 친절함을 우리 가족 문화의 일부로 만들었다.

시간이 지나면서 이런 노력은 우리가 원하던 결실로 이어졌다. 아이들은 정말로 친절한 어른으로 변모했다. 그들이 세상 어디에 있건, 나는 그들이 문제를 겪었을 때 어떤 행동을 할지 걱정하지 않는다. 그들의 머릿속에는 '우리 식구들은 친절한 걸로 유명해지고 싶다'는 가훈이 가장 먼저 떠오를 것이다. 가훈은 정말 우리가 원했던 효과를 냈다.

재차 강조하지만 우리 부부가 선택한 가족 문화가 반드시 모든 사람들에게 적절한 건 아니다. 다만 가족 문화를 만드는 방법을 알고 있으면, 원하는 문화를 만들 수 있는 기회를 얻는다.

이 문제를 생각해 볼 때 전략이 정의되는 과정을 다시 검토하라고 권하고 싶다.

즉, 의도적 계획과 창발적 문제 및 기회가 존재한다. 이들은 어떤 것이 우리의 시간, 에너지, 인재를 받을 최우선 순위가 될지 결정하기 위한 자원 할당 프로세스에서 상호 경쟁한다. 내 경우에는 직업 선택이 창발적이었다. 〈월스트리트저널〉의 편집인이 되겠다는 내 의도적 계획은 현재의 교수라는 직업을 포함해서 다른 기회들이 갑자기 생겨나면서 보류됐다. 그러나 어떤 사람이 되겠다는 꿈을 우연에 맡겨두지 않은 데 감사한다. 내 꿈은 아주 의도적인 결정이었다.

가족 문화를 만드는 일도 이와 비슷하게 접근하면 된다. 아이들의 직업적 추구와 관심은 창발적으로 생겨야 하며, 십중팔구 아이들마다 아주 다를 것이다. 가족 문화는 다양성을 환영해야 한다. 동시에 가족 문화는 근본적 차원에서 일관성을 유지할 것을 권한다. 올바른 일관성은 가족 간 행복과 자긍심의 원천이 될 것이다.

그러기 위해서는 옳고 그른 일이 뭔지 예의 주시해야 한다. 가족 구성원이 취하는 어떤 행동이라도 항상 일어날 수 있으리라 상상하라. 이제 됐는가? 부모가 보지 않는 곳에서 일어난 두 아이의 싸움처럼 단순한 것까지 상상하라. 싸움을 벌인 두 아이 중 한 명이 울면서 달려오면 어떻게 하는가? 자동적으로 다른 아이를 벌주는가? 우는 아이에게 울음을 그치라고 말하는가?

두 아이를 같이 불러서 혼내는가? 아이들 싸움에 상관하지 않겠다고 말하는가?

어떤 해결책을 취하건 그 해결책이 효과적인 것 같다면 아이들이 똑같은 문제를 접할 때마다 무슨 일이 벌어질지 알 것이다. 그들은 서로 싸웠을 때 어떤 결과를 얻을지 배우기 시작할 것이다. 부모가 일관성을 유지한다면, 아이들이 친구 집에서 놀 때조차 거기서도 그렇게 행동할 것이다.

반대로 일관성이 유지되지 않는다면 어떻게 될까? 많은 부모들은 아이들을 키우다가 중년의 나이로 접어선 자신의 모습을 발견할 때 가장 중요한 일 중 하나를 놓쳤다는 걸 깨닫는다. 오랫동안 확인을 안 하고 있으면 '한 번만, 혹은 두 번만'이 재빨리 문화로 굳어져 버린다. 이러한 행동이 가족 문화 속에 뿌리를 내리면 나중에는 바꾸기 아주 힘들어진다.

부모라면 누구나 자신들이 곁에서 감시하지 않아도 올바른 선택을 할 걸로 믿을 수 있는 아이를 키우고 싶어 한다. 그런 양육 방법 중 가장 효과적인 것은 적절한 가족 문화를 조성하는 것이다. 이것은 가족이 어떻게 행동하는지를 알려주는 비격식적이지만 강력한 지침이다.

사람들이 거듭 도전 해결을 위해 합심하면, 그것이 당연한 일로 자리를 잡기 시작한다. 가족에게도 마찬가지이다. 처음에 어떤 문제에 부닥치거나 뭔가를 같이 끝내야 할 때 해결책을 찾아야 한다.

이때 나쁜 행동을 통제하는 것보다는 좋은 행동을 칭찬하는 게 중요하다. 당신 가족은 무엇에 가치를 두는가? 창조성인가? 근면인가? 기업가 정신인가? 관용인가? 겸손인가? 아이들은 부모로부터 "잘했어"라는 말을 듣기 위해 무슨 일을 해야 한다고 알고 있는가?

문화가 그토록 강력한 역할을 하는 이유가 이것이다. 문화는 자동조정장치와 같다.

반드시 이해하고 있어야 하는 사실은, 그런 자동조정장치가 효과적 역할을 하게 하려면 적절한 프로그램을 짜야 한다는 것이다. 가족 내에서 원하는 문화를 조성해야 한다. 처음 가족이 생길 때부터 의식적으로 만든 문화를 강력하게 적용하지 못하더라도 노력해야 한다.

문화는 어떤 방식으로든 만들어진다. 의식하지 않는다면 원하지 않는 방향으로 형성될 것이다. 몇 번만이라도 아이가 게으르거나 불손하게 행동하게 그냥 내버려둔다면 어느 순간 가족 문화로 자리를 잡기 시작할 수 있다.

아이들에게 문제 해결을 위해 열심히 일할 때 자랑스럽다고 말해 주는 것도 마찬가지다. 부모로서 항상 일관성을 유지하면서 아이들이 올바른 일을 했을 때 긍정적인 피드백을 줘야겠다고 기억하는 게 쉽지 않겠지만 아이들과 이런 일상적인 상호작용을 통해 가족의 문화가 결정된다. 일단 결정된 다음에는 가족 문화를 바꾸기란 사실상 불가능하다.

3부

좋은 삶을 위한 중간평가

지옥으로 향하는 가장 안전한 길은 경사가 심하지 않고, 바닥은 부드러우며, 갑작스러운 굴곡과 이정표와 표지판이 없는 완만한 길이다.

_ C. S. 루이스, 《나니아 연대기》 시리즈를 저술한 영국 작가

지금까지 나는 이 책에서 사회생활과 사생활에서 행복을 추구하면서 겪는 도전들을 해결하는 데 유용한 수많은 이론들을 제시했다.

앞에서 말했듯, 이론이란 더 나은 선택을 하기 위해서 너무나 많은 똑똑하고 선한 사람들이 쉽게 빠지는 잘못된 결정의 배경이 되는 인과관계 메커니즘이다. 따라서 이론은 인간이 벌인 노력에 대한 깊은 이해를 바탕으로 한다. 지금까지 제시한 각종 이론은 세계적으로 유수한 대학과 조직에서 엄격히 연구되고 검토되고 활용되어 왔다.

이 책의 3부에서는 성실한 삶에 대해 말하면서 한 가지 이론만을 사용하고자 한다. 많은 면에서 매우 단순한 이론이다. 3부는 일부러 짧게 썼지만 1, 2부만큼 강력하면서도 보편적으로 적용 가능할 것이라 믿는다.

한평생 살아가며 우리가 겪을 모든 상황과 도덕적 딜레마를 예상할 수는 없다. 서로의 경험이 다를 것이기 때문이다. 내가 던지는 마지막 질문은 '우리가 성실한 삶을 산다는 걸 어떻게 확신할 수 있을까'이다. 그리고 여기서 제시하는 '총체적 사고 대 한계적 사고'(경제학에서 한계적 사고marginal thinking란 의사결정자가 하나 더 추가된 어떤 것의 단위가 주는 혜택이 그것의 비용보다 더 큰지를 평가하는 사고를 말한다. 9장에 나오는 한계비용, 한계수익 등은 모두 이런 식의 사고를 기본으로 한다-옮긴이)는 우리가 그 질문에 대답할 수 있게 도와줄 것이다.

'이번 한 번만'이라는 유혹을 이겨내는가

●●●●● 우리 대부분은 인생에서 중요한 윤리적 결정이, '경고: 중요한 결정을 앞두고 있음'이라고 적힌 채 깜빡이는 붉은색 경고등과 함께 배달된다고 생각한다. 이때 우리가 얼마나 바쁜지, 혹은 나중에 결과가 어떻게 될지는 중요하지 않다. 거의 누구나 이런 진실의 순간에 자신이 올바른 일을 할 거라고 확신한다. 솔직히 주변에 자신이 아주 성실하지 않다고 믿는 사람을 몇 명이나 알고 있는가?

그런데 인생이 생각처럼 수월하게 돌아가지 않는다는 게 문제다. 인생은 경고 신호와 같이 오지 않는다. 그 대신 우리는 날마다 그다지 중요하지 않아 보이는 조그만 결정들을 하며 산다. 놀랍게도 그런 작은 결정들은 삶에 훨씬 더 극적인 영향을 미칠 수 있다.

기업에서도 마찬가지이다. 어떤 기업도 일부러 경쟁사에게 따라잡히려고 하지 않는다. 그런데도 결국 하락 곡선을 그리며 경쟁사에게 밀려나게 만든 건 그들이 몇 년 전에 위험하지 않다고 생각하고 무심코 내린 결정이다.

이번 장에서는 무엇보다 유혹적인 덫에 빠지지 않도록, 어떻게 이런 일이 벌어지는지를 알려주겠다.

한계적
사고의 덫

1990년대 후반 미국에선 블록버스터가 영화 대여 산업을 지배하다시피 했다. 전국에 걸쳐 많은 매장을 갖고 있었던 이 회사는 규모 면에서 시장에 강력한 입지를 다지기에 상당한 우위를 갖고 있었다. 블록버스터는 전 매장의 재고 확대를 위해 엄청난 돈을 투자했다. 그러나 선반 위에 영화들을 진열해 놨다고 해서 돈을 버는 건 아니었다. 고객이 영화를 빌리고, 매장 점원이 확인한 뒤 빌려줘야 비로소 블록버스터는 수익을 올렸다. 회사 입장에서는 고객이 빠른 시간 내에 영화를 보고 돌려줘야 했다. 그래야 점원이 같은 영화 DVD를 다른 고객들에게 여러 번 대여할 수 있었다.

고객들이 DVD를 빠른 시간 내에 반납하게 하기 위해 블록버스터는 약속된 기한 내에 DVD를 반납하지 않은 고객들에게 매일 거액의 연체료를 물렸다. 그렇게 안 하면 DVD가 또 다른 고객에게 대여되지 않고 앞서 빌린 고객의 집에 그대로 있어 회사는 돈을 벌지 못했다. 얼마 안 가 블록버스터는 사람들이 DVD를 잘 반납하지 않자 연체료를 대폭 인상했다. 분석가들은 블록버스터가 올리는 이익 중 70퍼센트가 연체료에서 나오는 걸로 추산했다.

이런 상황에서 1990년대에 획기적 생각으로 무장한 넷플릭스라는 소규모 신생기업이 등장했다. 넷플릭스는 고객들이 굳이 비디오 대여점에 가야 하는 불편을 덜어주기 위해 우편 발송 DVD 서비스를 시작했다. 넷플릭스는 블록버스터와 정반대의 사업 모델로 이윤을 창출했다. 넷플릭스 고객들은 월간 회비를 냈기 때문에 고객들이 주문한 DVD를 시청하지 않을 때도 돈을 벌었다. 고객이 DVD를 보지 않고 집에 내버려두는 동안 넷플릭스는 반신용 우표를 사서 보내주거나 고객에게 새로운 영화를 보내줄 필요가 없었다. 일단 고객이 영화를 보기 위한 월간 회비를 낸 상태라서 넷플릭스로서는 밑지는 장사가 아니었던 것이다.

이것은 대담한 전략이었다. 넷플릭스는 영화 대여 산업의 골리앗인 블록버스터에 맞선 전형적 다윗이었다. 블록버스터는 수십 억 달러의 자산에 수만 명의 직원과 100퍼센트의 브랜드 인지도를 자랑하는 회사였다. 블록버스터가 이 새로운 시장에서 넷플릭스와 경쟁하기로 결정한다면 넷플릭스의 존립을 위태롭게 만들 정도의 자원을 동원했을 것이다.

그러나 블록버스터는 그렇게 하지 않았다.

2002년이 되자 신생기업인 넷플릭스는 잠재력이 있다는 신호를 보여주기 시작했다. 이때 넷플릭스는 매출 1억 5,000만 달러에 36퍼센트의 이익 마진을 달성했다. 그러자 블록버스터 투자자들이 불안해하기 시작했다. 넷플릭스가 하는 일에 분명 뭔가가 있는 것 같았다. 많은 투자자들이 블록버스터에게 시장 상황을 더욱 예의 주시하라고 압력을 가했다.

블록버스터는 그렇게 했다. 하지만 넷플릭스와 실적을 비교해 본 블록버스터 경영진은 '우리가 왜 넷플릭스를 신경 써야 하지?'라고 결론을 내렸다. 넷플릭스가 공략하던 시장은 규모가 더 작았다. 나중에 커질 수도 있겠지만, 얼마나 커질 수 있을지는 불분명했다. 하지만 블록버스터의 경영진에게 그보다 더 신경이 쓰였던 건 넷플릭스의 이익 마진이 블록버스터에 비해 훨씬 더 낮았다는 사실이었다. 다시 말해, 블록버스터가 넷플릭스를 공격하기로 결정해서 성공을 거둔다 해도 그로 인해 많은 흑자를 내던 블록버스터 매장들이 올리는 매출이 잠식될 가능성이 높았다.

블록버스터의 대변인은 2002년 보도자료를 통해 이런 우려에 대해 설명하면서 "우리는 분명 사람들이 가정에서 오락을 즐기는 모든 방법에 주목하고 있다. 우리는 항상 그런 방법에 신경을 쓴다. 하지만 장기적 차원에서 경제적으로 승산이 있는 사업 모델을 본 적이 없다. 온라인 대여 서비스는 '틈새시장'을 공략하고 있을 뿐이다"라고 말했다.

반면에 넷플릭스는 이 시장이 환상적이라고 생각했다. 넷플릭스는 이 시장을 수익성이 높은 기존의 시장과 비교할 필요가 없었다. 사실 비교 대상이 될 수익과 사업 기준이 없었다. 따라서 넷플릭스는 비교적 적은 마진과 새로 개발한 틈새시장에 아주 만족했다.

그렇다면 블록버스터와 넷플릭스 중에서 누가 옳았던 걸까?

2011년 넷플릭스의 회원 수는 2,400만 명에 육박했다. 그렇다면 블록버스터는 과연 어떻게 됐을까? 이 회사는 2010년 파산을 선언했다.

블록버스터는 금융과 경제학의 기본 과정에서 학습되는 원칙을 따랐다. 대체 투자를 평가할 때 매몰과 고정비용을 무시하고, 대신 각 대체 투자에 수반되는 한계비용과 한계수입만을 고려해서 투자 결정을 내려야 한다는 원칙이 그것이다. 그러나 이는 위험한 사고방식일 뿐이다. 이렇게 분석하면 거의 항상 전체 소요 비용에 비해 한계비용은 더 낮고, 한계수익(매몰비용은 이미 매몰되어서 다시 되돌릴 수 없는, 즉 이미 써서 회수할 수 없는 비용이며, 고정비용은 생산량의 변동 여하에 관계없이 변동이 없는 비용이다. 한계비용은 재화나 용역을 한 단위 더 생산하는 데 들어가는 추가비용이고, 한계수익은 재화와 용역을 한 단위 더 팔아서 얻는 추가 수입(매출액)이다—옮긴이)은 더 높다.

이런 원칙은 기업이 미래에 필요할 능력을 키울 수 있게 이끌어주기보다는 과거에 성공하기 위해 준비했던 것을 최대한 활용해야겠다는 편견에 빠지게 한다. 미래가 과거와 정확히 똑같다는 걸 안다면 이런 식의 접근법도 괜찮을 것이다. 하지만 미래가 과거와 다르다면(실제로 미래는 과거와 거의 언제나 다르다) 이것은 잘못된 접근법이다.

블록버스터는 한계가 뚜렷한 렌즈를 이용해서 DVD 우편배달 사업을 바라봤다. 그러다 보니 기존 자체 사업의 시각에서만 볼 수밖에 없었다. 넷플릭스가 공략하던 시장은 전혀 매력적으로 보이지 않았다.

설상가상으로 만에 하나 블록버스터가 넷플릭스를 성공적으로 모방했더라도 이 신규 사업이 블록버스터의 기존 사업을 망하게 만들었을 가능성이 높았다. 어떤 CEO도 주주들에게 기존 사업을 죽일 수 있는 신규 사업을 만드는 데 투자하고 싶다고 말하길 원하지 않을 것이다. 특히 신규 사업이 기존 사업보다 더 마진이 낮은 경우라면 더욱 그렇다. 누가 그런 시장을 선호하겠는가?

반면에 넷플릭스는 이런 걱정을 전혀 할 필요가 없었다. 그래서 아무런 부담이 없었다. 한계적 사고에 얽매이지도 않았다. 넷플릭스는 완전 백지 위에서 기회를 평가했다. 기존 매장들을 유지하거나 기존 마진을 지키느라 걱정할 필요가 없었다. 그런 매장이나 마진이 아무것도 없었기 때문이다. 따라서 넷플릭스의 눈에는 그저 거대한 기회만이 보였다. 블록버스터도 볼 수는 있었지만 보지 못했던 바로 그 기회였다.

한계적 사고에 빠진 블록버스터는 우편 DVD 시장을 추구하지 않는 대신에 마진이 66퍼센트, 매출이 수십 억 달러에 이르는 기존 사업을 행복하게 유지하는 것이 유리하다고 판단했다. 그러나 넷플릭스를 쫓아가지 않는 대신 얻은 건 파산이었다.

블록버스터가 새로운 시장을 올바르게 바라보기 위해서는 '기존 사업을 어떻게 보호할 수 있지?'를 고민해서는 안 됐다. 그보다는 '기존 사업이 없다면 어떻게 새로운 사업을 최고로 키울 수 있을까? 무엇이 최고의 대고객 서비스인가?'를 고민해야 했다.

결국 그와 같은 고민을 블록버스터 대신에 넷플릭스가 했다. 그리고 블록버스터가 2010년에 파산을 선언했을 때는 그들이 한계적 전략을 갖고 그토록 지키려던 기존 사업을 모두 잃고 말았다.

거의 항상 이런 식으로 상황이 전개된다. 한계적 사고가 종종 결국에는 실패로 끝나기 때문에 그때는 원하건 원하지 않건 우리가 내린 결정의 한계비용이 아니라 전체비용을 모두 지불해야 한다.

어쨌든 전체비용을 지불하게 된다

한계적 사고가 가진 파괴적 힘을 보여주는 또 다른 유명 사례로 철강 산업을 들 수 있다. 세계 일류 철강 제조업체 중 하나인 US스틸은 경쟁사인 뉴코어 스틸이 철강 산업에서 새로운 로엔드 시장을 찾아내는 모습을 지켜봤다. 뉴코어는 전통적인 제조업체들이 철강을 만들 때에 비해 더 낮은 비용의 기술을 사용해서 로엔드 시장에서 우위를 확보하는 데 성공했다. 이런 기술에 의존하는 새로운 종류의 공장은 '미니밀'이라고 불렸다.

뉴코어가 US스틸의 시장을 잠식해 들어가자 US스틸의 엔지니어들은 회사가 살아남으려면 뉴코어가 세운 것과 같은 제강 공장을 세워야 한다는 결론을 내렸다. 훨씬 더 낮은 비용에 철강 제품을 생산해서 뉴코어를 상대로 경쟁력을 유지할 수 있다는 계산이었다.

그래서 엔지니어들은 사업 계획을 세웠는데, 신규 공장을 세울 경우 US스틸의 톤당 이익은 지금보다 여섯 배가 더 늘어날 것이란 예상이 들어 있었다.

회사 내 모든 사람들은 유망한 계획이라는 데 동의했지만, 단 한 사람, 즉 최고재무책임자CFO는 그렇지 않았다. 그는 계획에 신규 공장 건립을 위한 투자안이 포함된 걸 보자 계획에 제동을 걸었다.

"왜 새로운 공장을 지어야 합니까? 기존 공장도 30퍼센트 과잉 생산하고 있습니다. 철강을 더 팔 수 있다면 그걸 기존 공장에서 만들어 팔면 됩니다. 기존 공장에서 1톤 더 생산하는 데 드는 한계비용이 매우 낮으니 한계이익은 우리가 완전히 새로운 미니밀을 세울 때에 비해서 네 배가 더 높습니다."

CFO는 한계적 사고에 갇히는 잘못을 저질렀다. 그는 기존 공장을 활용할 경우 강철 제조에 들어가는 기본 비용을 바꿀 수 없다는 걸 깨닫지 못했다. 완전히 새로운 공장을 세울 경우 초기 비용이 들더라도 회사에게 미래를 위한 새롭고도 중요한 능력을 선사했을 것이다.

이러한 사례 연구들은 내가 블록버스터와 US스틸처럼 파괴적 신생기업들을 상대하는 기존 기업들을 도와줄 때 반복적으로 등장하는 역설을 해결하는 데 유용했다. 기존 기업의 임원들이 파괴적 기업들의 공격 때문에 생긴 위험을 이해했을 경우 나는 이렇게 말했다.

"좋습니다. 이제 문제는 여러분 회사의 영업사원은 이런 파괴적 제품들을 팔 수 없다는 점입니다. 그런 제품들은 다른 목적으로, 다른 고객들에게 팔려야 합니다. 여러분은 다른 영업 팀을 만들어야 합니다."

그러면 임원들은 분명 이렇게 대답했다.

"교수님, 순진하시군요. 새로운 영업 팀을 만드는 데 얼마나 많은 돈이 드는지도 모르시네요. 우리는 기존 영업 팀을 최대한 활용해야 합니다."

그럴 때 나는 이렇게 말을 받았다.

"여러분 회사의 그 브랜드 말하시나요? 새로운 파괴적 제품에 그 브랜드를 달아서는 안 될 겁니다. 다른 새로운 브랜드를 만들어야 합니다."

그들의 대답은 한사코 똑같았다.

"교수님, 아예 처음부터 새로운 브랜드를 만드는 데 얼마나 많은 돈이 드는지 모르시네요. 우리는 기존 브랜드를 최대한 활용해야 합니다."

이에 비해 파괴적 공격 기업들이 쓰는 언어는 완전히 달랐다. 그들은 "이제 새로운 영업 팀을 만들 때가 됐습니다"와 "새로운 브랜드를 만들 때가 됐습니다"라고 말했다.

매우 역설적 상황이다. 왜 오히려 풍부한 자본력을 갖춘 기존 대기업들이 이런 프로젝트들을 돈이 많이 들어서 못하겠다고 말하는 것일까? 그리고 왜 이들보다 자본력이 떨어지는 신생 중소기업들은 이런 프로젝트들을 밀어붙여야 한다고 생각하는 것일까?

대답은 '한계비용 대 총비용 이론'에서 찾을 수 있다. 기존 기업 임원들은 투자 결정을 내려야 할 때마다 두 가지 대안을 갖고 고민한다. 첫 번째는 완전히 신제품을 만들 때 드는 총비용이다. 두 번째는 기존에 있는 것을 최대한 활용할 수 있는지 여부이다. 그럴 경우 한계비용과 한계수익에만 신경을 쓰면 된다. 그런데 거의 항상 한계비용 논리가 총비용 논리를 이긴다.

반면 신생기업의 경우 제품 메뉴에 한계비용 항목이 존재하지 않는다. 실은 시장에 처음 등장한 이들 기업에게는 총비용이 한계비용과 같다.

경쟁이 벌어졌는데 이 이론 때문에 기존 기업들이 이미 가진 걸 계속해서 활용한다면, 그들은 경쟁력을 잃게 된다. 결국 총비용보다 훨씬 더 많은 돈을 지출하고 마는 것이다.

'자동차의 왕' 헨리 포드Henry Ford의 말은 의미심장하다. "기계가 필요한데 그것을 사지 않는다면 결국에는 기계를 살 돈을 내고도 기계를 갖지 못하는 사태가 벌어질 수 있다."

한계적 사고는 정말, 정말 위험할 수 있다.

'단 한 번'이라는 핑계의 대가

이러한 한계비용 이론은 옳고 그른 것을 선택할 때도 똑같이 적용된다. 내가 제자들과 같이 논의했던, 성실한 삶을 살고 감옥에 들어가지 않는 방법을 묻는 세 번째 질문과 연관된다. '이번 한 번만just this once' 뭔가를 했을 때 드는 한계비용은 항상 무시해도 좋을 정도로 적은 것 같지만 총비용은 일반적으로 훨씬 더 클 것이다.

하지만 우리는 무의식적으로 사생활에 한계비용 원칙을 적용한다. 머릿속에서는 "봐라, 일반적으로 대부분의 사람들이 이렇게 하면 안 된다는 걸 안다. 그러나 이번처럼 특별히 어쩔 수 없는 상황에서는 한 번만 그렇게 해도 좋다"라는 말이 들린다. 그리고 머릿속에서 들리는 목소리가 옳은 것 같다. '이번 한 번만' 뭔가를 잘못해서 치르는 대가는 보통 혹할 정도로 작아 보인다. 결국 그 유혹에 빠지면 궁극적으로 가게 될 방향이나 내리게 될 선택에 따르는 총비용을 보지 못한다.

최근 몇 년 동안 친구와 동료들에게 정말로 존경받던 사람들이 '이번 한 번만'의 유혹에 빠져 영광스러운 자리에서 추락하는 사례가 정말로 많았다. 정치판은 처음에 국가를 위해 봉사하겠다고 결심했을 때는 머릿속에 떠오르지 않았을 법한 일을 하는 데 사로잡힌 고위 정치인들의 사례로 가득하다. 월가도 거물들이 개입된 내부자 거래 스캔들로 발칵 뒤집혔던 적이 한두 번이 아니다.

매 세대 그런 일이 터진다. 전 세계 젊은이들의 우상이었던 운동선수들 중에서 스테로이드 남용이나 온갖 스캔들로 얼룩진 사생활 탓에 운동선수로서의 생명이 다한 이들도 수십 명에 이른다. 올림픽 챔피언들은 타이틀을 빼앗겼고, 메달을 돌려주었다. 주요 매체 기자들 중에서는 독자들의 높은 기대치와 마감 시간이라는 부담 속에서 멋진 기사를 쓰려고 기사의 세부 내용을 터무니없을 정도로 조작하다가 발각된 사람들도 있다. 이런 사람들도 모두 지금 하는 일에 진정한 열정을 갖고 사회생활을 시작했을 게 분명하다.

한참 뜨고 있는 어린 운동선수들 중에 정상의 자리를 지키기 위해 남을 속이는 방법을 알아내고 싶다고 상상하는 사람은 아무도 없다. 그들은 성공하기 위해서 충분히 열심히 노력할 수 있을 거라고 믿는다. 그러나 이어 그들은 우위를 얻는 데 도움이 될 수 있는 뭔가를 해볼 수 있는 첫 번째 기회를 맞는다.

이번 한 번만…….

1995년 발각되기 전에 13억 달러의 투자 손실을 입혀 영국 상업은행 베어링스Barings를 파산시킨 걸로 악명을 떨쳤던 당시 26세의 트레이더 닉 리슨Nick Leeson도 이런 운명으로 고통을 받았다. 그는 한계적 사고가 어떻게 자신을 생각하지도 못했던 길로 이끄는지를 웅변적으로 보여준다. 돌이켜봤을 때 이 사건은 작은 한 걸음, 즉 비교적 작은 실수로부터 시작됐다. 그러나 그는 그 실수를 인정하고 싶지 않았다. 그보다 감시가 거의 없던 거래 계좌에서 손실을 감추는 식으로 잘못을 은폐했다.

이후로 그는 점점 더 깊은 기만의 길로 접어들었다. 손실을 만회하기 위해 계속해서 배팅을 했지만, 만회는커녕 문제는 더욱 꼬이기 시작했다. 그는 거짓말을 감추기 위해 다른 거짓말을 해댔다. 또 늘어나는 손실을 숨기기 위해 서류를 위조하고, 회계 감시원들을 속이고, 대차대조표를 허위로 만들었다.

결국 회개가 필요한 시간이 왔다. 싱가포르 집에서 도망간 그는 독일 공항에서 체포됐다. 나중에 리슨의 채무 규모를 파악했을 때는 베어링스가 파산 선언을 하지 않을 수 없는 상태였다. 베어링스는 불과 1파운드(약 1,500원)에 ING에 매각됐다. 1,200명의 직원이 일자리를 잃었고, 그들 중 일부는 친구도 잃었다. 리슨은 6년 반 동안 싱가포르 감옥에 수감됐다.

어떻게 상사에게 한 가지 잘못을 숨긴 결과, 233년 역사의 상업은행을 파산시키고, 자신은 사기 혐의로 유죄를 선고받아 수감되고, 결혼 생활이 파탄에 이르는 지경까지 갈 수 있단 말인가? 리슨이 처음 출발했을 때의 모습을 보면 그의 인생이 이렇게 끝날지 예상하기란 사실상 불가능하다. 그러나 그것이 한계적 사고의 위험이다.

리슨은 BBC에 출연해서 "제가 원했던 건…… 성공이었습니다"라고 말했다. 그는 부자가 되고 싶다기보다는 계속해서 성공한 인물로 보이길 원했다. 첫 번째 거래 실패가 그런 생각을 위협하자 그는 줄곧 싱가포르 감옥으로 인도하는 길만을 따라 걷기 시작했다. 결국 그 길이 어디서 끝날지 알 수 없었지만, 첫 발걸음을 옮긴 순간 갑자기 되돌아가야 옳다고 판단할 경계가 존재하지 않았다. 다음 보폭이 넓지 않더라도, 이미 한 번 내디딘 이상 거기서 멈출 리가 없다.

리슨은 이런 어두운 길을 걸어 내려가면서 느낀 것을 이렇게 묘사했다.

"저는 지붕 위에 올라가서 소리라도 지르고 싶었어요. (중략) 지금 이런 상황이고, 엄청난 손실이 났다고, 이제 멈추고 싶다고요. 그러나 어떤 이유에서인지 그렇게 할 수 없었어요."

이것이 단 한 번만 뭔가를 하겠다는, 그리고 항상 자신이 정한 규칙만을 적용하겠다는 한계적 사고가 주는 위험이다. 그렇게 해서는 안 된다. 나는 리슨이 비록 고통스러웠을지는 몰라도 자신이 처음 저지른 실수를 인정했을 때 벌어질 결과를 상상할 수 있었다고 확신한다. 리슨처럼 부도덕하고 힘든 길을 걸었을 때 치를 비용은 처음에는 그리 나빠 보이지 않는다. 리슨은 한

차례 약간의 실수를 은폐함으로써 그가 인생에서 소중하게 생각했던 자유, 결혼, 경력 등 모든 걸 잃어버릴 수 있다는 사실을 알지 못했다. 그러나 실제로 바로 그런 일이 벌어지고 말았다.

100퍼센트 지키기가 98퍼센트 지키기보다 더 쉽다

우리 중에는 '이번 한 번만'이라며 스스로 정해 놓은 규칙을 깰 수 있는 사람이 많다. 머릿속으로 우리는 이런 조그만 선택들을 정당화한다. 처음에 이런 선택을 할 때는 그것이 인생을 뒤바꿔 놓을 선택처럼 느껴지지 않는다. 한계비용이 거의 항상 낮다. 그러나 이런 결정들이 쌓여서 훨씬 더 큰 그림으로 모습이 바뀌면서 우리를 결코 원하지 않았던 사람으로 변신시킬 수 있다. 한계비용을 쓰겠다는 본능은 우리에게서 우리가 취하는 행동에 뒤따르는 실제 비용을 감춘다.

이런 길을 밟을 때 내딛는 첫 번째 발걸음은 작은 결정에서 시작한다. 거대한 결정으로 이어지는 모든 작은 결정들을 정당화하면, 거대한 결정을 내리게 됐을 때 그것이 더 이상 엄청나게 중요해 보이지 않는다. 눈을 들어 쳐다볼 때까지 자신이 어떤 길을 걷고 있는지 깨닫지 못하고, 예전에 한때 상상조차 할 수 없었던 목적지에 도착한다.

나는 영국에서 대학을 다닐 때 학교 농구 대표팀에서 활동했다. 그 당시 내 인생에서 '단 한 번만' 때문에 생길 수 있는 피해를 이해하게 되었다. 내겐 멋진 경험이었다. 나는 모든 팀원들과 친하게 지냈다. 우리는 시즌 내내 잘해 보려고 죽도록 애썼고, 그렇게 열심히 노력한 결과에는 보상이 뒤따랐다. 우리는 미국대학스포츠협회NCAA 농구 대회에 해당하는 영국대학 대회에서 결승전까지 올라갔다.

그런데 그때 결승전 날짜가 일요일로 잡혔다. 그것이 문제였다. 당시 16세였던 나는 종교적 신앙심이 두터워서 기독교의 안식일인 일요일에는 절대 농구를 하지 않았다. 따라서 토너먼트 결승전을 앞두고 감독님에게 내 처지를 설명했다. 감독님은 믿지 못하겠다는 표정을 지으시며 "자네가 무엇을 믿는지 모르겠지만 하나님도 이해하실 거라고 믿네"라고 말씀하셨다. 동료들 역시 내 설명을 듣고 놀랐다.

나는 주전 센터였으며, 후보 센터가 준결승에서 어깨가 탈골돼서 내가 빠질 수 없었다. 우리 팀 선수들은 모두 내게 와서 "네가 반드시 뛰어야 한다. 이번 한 번만 그 규칙을 어길 수는 없니?"라며 부탁했다.

힘든 결정이었다. 내가 없으면 팀이 고생할 게 분명했다. 팀원들은 내 절친한 친구들이었다. 우리는 1년 내내 우승하는 꿈을 꾸었다.

종교적 신앙심이 깊기에 나는 어떤 결정을 하면 좋을지 알아보기 위해 기도하기 시작했다. 무릎 꿇고 기도하던 중에 하나님과 했던 약속을 지켜야겠다고 분명히 느꼈다.

나는 감독님을 만나서 결승전에서 뛸 수 없다고 재차 말했다. 그 일은, 내가 한평생 보낼 수천 번의 일요일 중 '단 한 번'과 관련해서 내리는 작은 결정이었다.

이론적으로 봤을 때 분명 나는 당시 정한 규칙을 한 번만 어긴 다음에 다시는 어기지 않을 수 있었다. 그러나 그때의 결정을 되돌아보면, '이번처럼 어쩔 수 없는 상황에서는 이번 한 번만 해도 된다'는 유혹을 거부한 건 내 인생에서 가장 중요한 결정 중 하나였다.

왜 그런 것일까? 인생에서는 본래 어쩔 수 없는 상황이 끊임없이 이어지기 때문이다. 내가 당시 한 번만 규칙을 어겼다면 나는 이후로 계속해서 그것을 어겼을 것이다. 다행히 내 동료 팀원들은 내가 없이도 우승했다.

당신이 한계비용 분석에 근거해서 '이번 한 번만'이라는 유혹에 굴복한다면 나중에 분명 후회할 것이다. 이것이 내가 배운 교훈이다.

자신이 세워놓은 원칙은, 98퍼센트의 시간보다 100퍼센트의 시간 동안 지키기가 더 쉽다. 도덕적 기준은 어기지 않을 때 강력한 것이다. 만일 한 번만이라도 기준을 어겼다면 또다시 어기지 못하게 막을 도리가 없다.

당신이 표방하는 게 무엇인지를 결정하라. 그런 다음에 항상 그것을 지켜라.

기업은 미래 혁신을 위한 투자를 결정할 때 일반적으로 기존 사업의 관점에서 무엇을 할지 결정하기 위해 투자 금액을 계산한다. 계산 결과에 따라서, 기업은 투자했을 때 드는 한계비용보다 한계수익이 적으면 투자 포기를 결정할지 모른다. 그러나 이런 사고방식에는 거대한 오류가 잠재해 있다.

어쩌면 한계적 사고가 쳐놓은 덫이다. 우리는 투자했을 때 드는 비용을 즉시 확인할 수 있겠지만 투자하지 않음으로써 드는 비용을 정확히 산출하기란 정말로 힘들다. 여전히 완벽하게 여겨지는 기존 제품을 팔고 있는 반면에 신제품 투자의 장점이 충분히 좋지 않다는 판단이 섰다면, 당신은 다른 누군가가 시장에 신제품을 출시할 미래를 고려하지 않는 것이다. 다른 모든 것, 특히 그중에서도 기존 제품을 팔아서 번 돈이 지금까지 그랬던 것과 똑같이 영원히 지속될 것으로 가정하고 있다. 기업은 일정 시간 동안 그런 결정에서 빚어질 결과를 보지 못할지 모른다. 기업은 경쟁사가 앞서 나가지 않는다면 단기적으로 경쟁사에게 '따라잡히지' 않을지 모른다.

그러나 이러한 한계비용이란 렌즈를 통해서 모든 결정을 내리는 기업은 궁극적으로 대가를 치른다. 기업들이 미래를 보고 투자하지 않음으로써 결국에 실패하는 것도 바로 이런 이유 때문인 경우가 정말로 많다.

사람들도 역시 마찬가지이다.

인생에서 불편한 도덕적 양보를 했을 때 초래되는 결과를 피할 수 있는 유일한 방법은 무엇보다 처음부터 그런 양보를 아예 하지 않는 것이다.

당신의 인생을 어떻게 평가할 것인가

피터 드러커는 말했다. "기업이 좌절과 실패를 맛보는 가장 중요한 원인은 사업 목적과 임무에 대해 제대로 고민해 보는 경우가 정말로 드문 데 있다"라고.

목적의 중요성

2009년 가을 학기가 끝나기 몇 주 전, 나는 내가 암에 걸렸다는 걸 처음으로 알았다. 아버지가 앓다 돌아가신 것과 유사한 종류의 암이었다. 나는 학생들에게 현대 의학으로는 내 병을 치료할 수 없을지도 모른다는 사실을 알렸다.

지난 몇 년 동안에 종강일마다 학생들과 함께 이 책에서 제시했던 것과 같은 인생의 문제들을 이야기하면서 보냈다. 그러나 이전에는 내가 아무리 애써봤자 학생들 중에 기껏 절반 정도만이 인생을 바꿔보겠다는 진지한 각오로 강의실을 떠난다고 느꼈다. 그 외의 학생들은 이 주제가 자신이 아니라 다른 사람에게 더 해당한다고 여기고 자리를 떠났다.

2009년 종강 수업 때 나는 모든 학생들이 그들 앞에 놓인 인생에 대해 고민하는 게 얼마나 중요한지를 깨닫기 바랐다. 그때 이론을 내 인생에 적용하며 함께 이야기를 나눴을 때 우리의 대화는 정말로 과거 어느 때보다 더욱 깊이 있고 진지했다. 일부러 시간을 내서 인생 목적을 분명히 정해 놓는 문제의 중요성을 논의했기 때문인 것 같다.

원하건 원하지 않건 상관없이 모든 기업에는 존립 목적이 있다. 그 목적은 기업의 우선순위에 해당하며, 경영진과 직원들이 각자 처한 상황 속에서 가장 중요한 것을 결정할 때 따라야 할 규칙을 효과적으로 만들어준다. 이 목적은 창발적인 전략이란 문을 통해서 등장한다.

이 과정에서 몇몇 강력한 경영진과 직원들은 규칙이 무엇이든 상관없이 기업은 전적으로 그들의 개인적 목적을 달성하는 걸 도와주기 위해 존재한다는 잘못된 믿음을 갖는다. 그런 사람들에게 기업은 분명 이용 대상으로 존재한다. 일반적으로 이와 같은 목적을 둔 기업들은 곧 사라져 없어지고, 기업과 그 기업의 제품과 리더들은 순식간에 잊힌다.

그러나 기업이 명확하고 확실한 목적을 갖고 있다면 그 영향력과 유산은 특별할 수 있다. 기업의 목적은 직원들이 정말로 중요한 것이라고 생각하고 관심을 집중하는 횃불 같은 역할을 할 것이다. 그런 목적은 기업을 어떤 한 사람의 경영자나 직원보다 더 오래 살아남게 해줄 것이다. 애플, 디즈니, KIPP 학교(도심형 차터스쿨들이다. 차터스쿨은 주나 지방 당국의 규제 없이 주로 학부모, 교사, 지역단체 등이 공동으로 위원회를 구성해서 학교를 운영하는 일종의 특수 공립 교육기관을 말한다–옮긴이)와 아라빈드 안과 병원(전 세계 어떤 안과 병원보다 더 많은 환자들을 치료하고 있는 것으로 유명한 인도의 눈 수술 전문 병원–옮긴이)이 이런 사례들이다.

목적이 없다면 기업 임원들에게 어떠한 경영 이론의 가치도 제한적이다. 이론이 중요한 결정으로 나올 만한 결과를 예측한다고 해도 임원들은 무엇을 근거로 해서 어떤 것이 최고의 결과인지 판단하고 결정할 것인가? 이를테면 내가 앤디 그로브와 휴 셸턴 장군이 이끄는 각각의 조직이 중시하는 목적을 분명히 이해하지 못하고 두 사람에게 내 파괴적 혁신 이론을 프레젠테이션했다면 나는 조력자에 지나지 않았을 것이다. 목적은 그들이 이론을 적용할 때 인도해 준 중요한 요소였다.

마찬가지로 이 책에서 나온 조언에서 최대한의 가치를 얻으려면 인생에 목적을 갖고 있어야 한다. 그런 이유로 목적을 개발하기 위한 최고의 과정을 설명하고 내 인생에서 이 과정을 어떻게 사용했는지를 예로 들어 이해를 돕고자 한다. 이것은 내게 참 엄격한 과정이었으나, 당신에게도 추천한다.

목적의 세 가지 부분

기업에게 유용한 목적 선언문은 세 부분으로 구성되어야 한다. 첫째, '원하는 모습likeness'이다. 화가는 머릿속에 떠오른 걸 물감을 써서 직접 그려보기 전에 유추해서 연필로 스케치한다. 기업에게 '원하는 모습'은 핵심 리더와 경영진이 그들이 걷는 길의 끝에 도달했을 때 되어 있었으면 하고 바라는 모습이다. 여기서 '원하는 모습'이라는 단어가 중요한 이유는, 기업이 미래 어느 시점에 왔을 때 직원들이 흥분해서 '발견하는' 어떤 것이 아니기 때문이다. 그보다 경영진과 직원들이 그들의 여행 중에 중요한 단계에 도달할 때마다 만들 수 있기를 희망하는 것이어야 한다.

둘째, 유용한 목적이 되기 위해 직원과 임원들은 창조하려고 애쓰길 원하는 모습에 '전력commitment'을 기울여야 한다. 목적은 서류상에서 시작해 끝날 수가 없다. 우선순위에 대한 대답을 요구하는 이슈들은 예측할 수 없는 방식으로 계속 등장하므로 관련한 중요한 논의에 참여하지 않는 직원들은 어쩔 수 없는 환경이 닥칠 때마다 원하는 모습을 타협하고 말 것이다.

셋째, 경영진과 직원들이 그동안 이룬 성과가 어느 정도인지를 알아볼 수 있는 한 가지 이상의 '평가 기준metrics'이다. 이런 기준들은 기업과 관련한 모든 사람들이 계속해서 일관된 방식으로 함께 움직이면서 일의 성취 수준을 가늠하게 한다.

이 세 부분이 기업의 목적을 이룬다. 사회에 긍정적인 영향을 주고자 하는 기업은 우연히 목적이 생길 걸로 여겨서는 안 된다. 가치 있는 목적이 불현듯 생기는 법은 드물다. 이 세상은 목적을 운명에 맡겨두기에는 너무나 많은 신기루와 역설과 불확실성으로 둘러싸여 있다. 목적은 의도적으로 고안되고 선택된 다음 추구돼야 한다. 그렇게 목적이 준비됐다면 기업이 목적을 이루는 방법은 일반적으로 창발적인 성격을 띤다. 기회와 도전들이 창발적으로 생겨서 추구되는 것과 같은 이치이다. 가장 위대한 기업의 리더들은 그들이 이끄는 기업이 세상에 족적을 남길 수 있도록 도울 때 목적이 가진 힘을 의식한다.

비즈니스 외의 분야에서 활동하는 리더들도 마찬가지이다. 마하트마 간디, 마틴 루터 킹, 달라이 라마처럼 변화 운동을 이끌었던 리더들은 놀라울 정도로 분명한 목적의식을 갖고 있었다. 국경없는의사회, 세계자연보호기금, 국제사면위원회처럼 더 나은 세상을 만들기 위해서 싸우는 사회 조직들도 역시 마찬가지이다.

그러나 이 세상이 그들에게 설득력과 값어치가 있는 목적을 전달해 준 건 아니었다. 그리고 불행하게도 세상이 나와 당신에게도 그런 목적을 전달해 주지 않을 것이다. 당신이 되고 싶은 유형의 사람(당신의 인생 목적)을 운에 맡기기에는 그 목적이 우리 인생에서 정말 중요하다. 따라서 의도적으로 고려, 선택, 관리되어야 한다. 그런 사람이 되도록 해주는 인생의 기회와 도전은 본래 성격상 창발적이다.

나는 전략이 통합되고, 결과적으로 내가 내 목적을 추구하는 방식이 점차 진화되어온 창발적 과정에 깊은 존경심을 느낀다. 어떤 경우에는 내 목적을 향해 나아갈 때 예상치 못한 상태에서 생긴 위기와 기회들이 내 등 뒤에서 부는 바람처럼 느껴졌다. 또 어떤 경우에는 내 얼굴 감각을 마비시키는 바람처럼 느껴지기도 했다. 그럼에도 내가 융통성 있게 목적을 달성해 왔다는 게 기쁘다.

나는 인생의 목적을 정의하기 위해 노력했고, 정말로 많은 친구와 옛 제자들도 그들 인생에 맞는 목적을 정의할 수 있게 도와줬다. 인생의 목적을 구성하는 세 부분에 대한 이해는 독자적으로 자신의 목적이 무엇인지 정의하고, 매일 목적에 맞는 삶을 사는 데 필요한, 내가 아는 가장 믿을 만한 방법이다.

끝으로 이것은 한 번 일어나고 끝나는 사건이 아니라 지속적인 과정임을 명심하라. 내 경우에 내 목적을 이해하는 데만 꼬박 몇 년의 시간이 걸렸다. 그러나 이 여행은 충분히 가치가 있었다. 이런 배경을 바탕으로 내가 내 목적을 어떻게 이해하게 됐는지를 이야기하겠다.

내가 되고 싶은 사람

목적의 세 부분 중에는 '내가 원하는 모습'이 가장 간단했으며, 이는 주로 지적知的 과정에 해당했다.

대부분이 그렇겠지만 내 여행의 출발점은 가족이었다. 나는 강력한 가족의 가치, 우선순위, 문화의 수혜를 마음껏 누렸다. 나는 훌륭한 가정에서 태어났고, 성장하는 동안 부모님은 깊은 종교적 신앙심을 몸소 보이셨다. 그들이 보여준 모범적 모습과 내게 해준 격려는 강력한 효과를 냈다. 그들은 내 안에 믿음의 씨를 심어주셨다. 그러나 나는 스물네 살이 돼서야 혼자 힘으로 이러한 것들을 깨달았다.

부모님과 가족은 내게 '내가 원하는 모습'에 대해 풍부한 영감을 제공해 줬다. 나는 가족과 성경과 기도로부터 배운 것을 바탕으로 내가 되고 싶은 사람이 누군지를 이해했다. 그 과정은 하나님이 원하시는 사람이 되겠다는 결심과 마찬가지였다.

끝으로 나는 전문가이다. 잘만 하면 가장 고귀한 직업이 경영가라고 나는 진심으로 믿는다. 어떤 다른 직업도 경영가보다 배우고, 성장하고, 책임을 지고, 잘했다고 인정받고, 팀의 성공에 기여할 수 있는 더 많은 길을 제시해 주지 않는다. 이러한 깨달음들을 바탕으로 나는 내가 원하는 모습을 만들었다.

- 타인이 삶의 수준을 높일 수 있도록 돕는 데 헌신하는 사람
- 친절하고 정직하고 용서를 베풀고 이기적이지 않은 남편

이자 아버지이자 친구

- 하나님의 존재 가치와 하나님의 실체를 믿는 사람

종교적 신념에서건 아니건, 우리가 되고자 하는 사람에 대해 이와 비슷한 결론을 내리는 사람들이 많을 것이다. 이것은 당신 자신이 되고자 하는 목표, 앞으로 당신에게 가장 중요한 목표를 세우는 형식이다. 그리고 당신이 그리는 '원하는 사람'의 모습은 스스로 그 모습을 창조해 나갈 때 비로소 가치를 발한다.

전력을 다하기

이러한 갈망을 마음속에 갖고 있다고 해서 모든 게 끝나는 게 아니다. 자신이 그린 그림에 어떻게 그토록 깊게 전력해서, 날마다 자신의 우선순위를 정하게(할 일과 하지 말아야 할 일을 가르쳐주게) 할 수 있을까?

내가 20대였을 때 로즈 장학재단은 내게 옥스퍼드대학교에서 수학할 수 있는 특별한 기회를 주었다. 그런데 옥스퍼드대학교에서 몇 주 동안 생활해 보니, 그런 낯선 환경에서 종교적 신념을 유지하는 게 정말 힘들다는 걸 분명히 느꼈다. 결국 나는 내가 되기를 원하는 모습의 사람이 실제로 하나님이 내가 되기를 원하신 사람의 모습인지를 확실히 알아봐야 할 때가 됐다고 결정했다.

이후 매일 저녁 11시부터 자정까지 퀸스칼리지(옥스퍼드대학교의 단과대학 중 하나—옮긴이)의 추운 기숙사 방에서 히터 옆 의자에 자리를 잡고선, 성경을 읽고 기도하며 이런 일들에 대해 성찰할 시간을 가졌다.

나는 하나님에게 내 손에 쥐고 있는 게 진실인지, 내 인생의 목적에 어떤 의미를 갖는지를 알고 싶다고 말했다. 이 질문에 대답해 주신다면 나는 그 목적을 성취하는 데 한평생 전력을 다하겠다고 약속했다. 또한 진실이 아니라면, 그렇다는 걸 알고 싶다고 말했다. 그럴 경우 나는 또다시 진실인 것을 찾는 데 전력을 기울여야 했기 때문이다.

나는 이어 의자에 앉아서 성경 한 장을 읽은 후 내용을 곱씹어보았다. '성경 내용이 정말 사실이었을까? 그리고 내 인생에 어떤 의미일까?' 하고 고민했다. 이어 다시 무릎을 꿇고 기도하면서 똑같은 질문을 던지고, 똑같이 기도에 헌신했다.

우리는 각자 자신이 되고 싶은 사람이 되기 위해 전력을 다하는 과정이 다를지도 모른다. 하지만 보편적인 사실은 우리는 '내가 정말로 무엇이 되고 싶은가?'라는 질문에 대답을 찾으려고 한다는 것이다.

만약 자신을 위해 스케치했던 모습이 옳지 않다고(당신이 되고 싶은 사람이 아니라고) 느끼기 시작했다면 그 모습을 재고하라. 그러나 자신이 되고 싶은 사람이 어떤 사람인지 분명해진다면 그런 사람이 되기 위해 전력을 다해야 한다.

나는 내가 되기를 원하는 사람의 모습이 옳은 건지 알아보기 위해 얼마나 강도 높게 집중했고, 이후 그 모습에 얼마나 전력을 다했는지 지금도 뚜렷하게 기억한다. 이런 시간을 정말로 가치 있게 만든 건 강렬한 집중이었다. 종이 위에 연필로 초안을 작성한 것이 화폭 위에서 유화물감이 칠해지며 강력하게 변하는 중이었다.

이런 과정을 거치면서 내가 마음속에 느꼈던 감정과 내 머릿속에 들어온 단어들을 통해 나는 내가 되고 싶은 모습이 올바르다는 판단을 분명히 내렸다. 이처럼 내가 그린 특징들은 '친절함, 정직함, 용서하고 이기적이지 않은 사람 되기, 하나님이 바라는 나'라는 게 확인됐다. 그런 과정 속에서 이전에는 갖지 못한 확실함과 중요성을 보았다. 이것은 분명 내 마음과 내 인생을 바꿔놓았다.

내 경우, 내가 되고 싶은 사람을 정의하기는 간단했다. 그러나 실제로 그런 사람이 되기 위해서 깊게 전력을 다한다는 건 힘들었다.

옥스퍼드대학교에서 성찰하는 시간을 보낼 때마다 나는 응용계량경제학을 공부하지 못했다. 당시 정말로 내 공부 시간을 빼면서까지 이래야 하는지 혼란스러웠다. 하지만 결국 꾸준히 그렇게 했다.

매일 그 시간을 회귀분석(둘 또는 그 이상의 변수들 간의 관계를 파악함으로써 어떤 특정한 변수(종속변수)의 값을 다른 한 개 또는 그 이상의 변수(독립변수)들로부터 설명하고 예측하는 통계적 기법-옮긴이)의 자기 상관 문제를 해결하는 최신 기술을 배우느라 썼다면 어떻게 되었을까? 이후 나는 내 인생을 엉망으로 사용했을 것이다.

계량경제학 이론은 1년에 겨우 몇 번 내 삶에 적용하지만 내 인생의 목적에 대한 지식은 매일 적용된다. 이것은 내가 여태껏 얻었던 지식 중에서 가장 소중하면서도 유용한 지식이다.

적절한 평가 기준 찾기

내 인생 목적의 세 번째 부분은 인생의 평가 기준을 이해하는 것이었다. 나로서는 이 일에 가장 많은 시간이 걸렸다. 옥스퍼드를 졸업하고 약 15년의 시간이 흐른 뒤에야 비로소 이 목적을 이해하게 되었다.

어느 날 아침 일찍 자동차를 몰고 출근하던 때 갑자기 내가 다니던 교회로부터 중요한 새로운 임무를 받을 거라는 느낌이 아주 강하게 들었다. 그 교회에는 전문 성직자가 따로 없어서 모든 성도들에게 중요한 임무를 맡겼다. 그로부터 몇 주 뒤에 내가 다니던 교회 지도자가 떠난다는 사실을 알았다. 이런저런 생각 끝에 이 순간이 내가 강한 인상을 받았던, 새로운 임무를 받을 기회라고 결론 내렸다.

그러나 일이 예상처럼 흘러가지는 않았다. 곧 나는 이미 다른 사람이 지도자 자리를 맡아달라는 부탁을 받았다는 걸 알았다. 교회에서 높은 자리에 오르지 못해서가 아니라, 항상 우리 교회를 튼튼하게 만드는 데 중요한 역할을 하고 싶었던 터라 크게 좌절했다. 어쨌든 내게 역할이 주어진다면 지금보다 더 많은 사람들을 위해 더 많은 좋은 일을 할 수 있다고 생각했던 것이다.

이후 2개월 동안 나는 위기에 빠져 있었다. 스스로 아주 좋은 일을 할 수 있었다고 믿었던 탓이었다.

인생의 가장 어려운 시기에 종종 겪었던 이런 개인적인 혼란은 내 인생의 세 번째 목적이 된, '인생의 평가 기준'에 대한 통찰을 촉발시켰다. 나는 인간의 사고 능력에는 제한이 있어서 항상 큰 그림을 볼 수 없다는 걸 깨달았다.

경영학계에서 쓰이는 예를 들어 설명하자면, 경찰서장이 경찰의 전략이 효과적인지 알아보기 위해 시간을 두고 각각의 범죄 유형 숫자를 확인하는 식이다. 기업 경영자는 특정 고객들로부터 들어오는 특정 주문만 봐서는 회사의 건전성을 완벽하게 파악할 수 없다. 그는 매출, 비용, 이윤 등을 종합해서 검토해야 한다.

간단히 말해서 큰 그림을 보려면 종합해서 봐야 한다. 사물을 평가하는 정확한 방법과는 거리가 멀지만, 우리가 할 수 있는 최선의 방법이다.

이런 종합의 암묵적 필요성 때문에 우리는 '계급의식'을 개발한다. 즉, 더 많은 사람들의 리더가 더 적은 사람들의 리더보다 더 중요하다는 의식이다. CEO는 사업 단위의 총괄 관리자보다 더 중요하고, 총괄 관리자는 판매 담당자보다 더 중요하다는 식이다.

이번에는 종교적인 언어를 써서 설명해 보겠다. 나는 우리와 달리 하나님은 통계학자나 회계사가 쓰는 도구가 필요하지 않다는 걸 깨달았다. 내가 아는 한 하나님은 조직도를 갖고 계시지 않다. 인간사를 완전히 파악하시기 위해 개인의 수준을 뛰어넘는 어떤 것도 모을 필요가 없다. 하나님의 유일한 성취 기준은 개인이다.

어쨌든 이런 모든 생각 끝에 나는 내 인생에서 중요한 평가 기준을 깨달았다. 우리 중에서 다수가 본인을 따르는 사람들이나 좋은 성과를 거둔 덕분에 받은 상의 숫자, 은행에 저축해둔 돈 같은 통계에 따라서 인생을 평가하려고 할지도 모르겠다.

그러나 나는 내 인생에서 진정으로 중요한 유일한 평가 기준은 내가 일대일로 만나 더 나은 사람이 되도록 도와줄 수 있었던 개인들임을 이해하게 되었다.

내가 하나님과 만나 이야기를 하면, 우리의 대화는 내가 자존심을 키워주고, 굳은 신념을 갖게 도와주고, 불안감을 달래줄 수 있었던 개인들에게로 집중될 것이다. 내가 맡은 임무의 종류와 상관없이 선한 일들임에 분명하다. 하나님은 내 인생을 평가하실 때 이런 일들을 기준으로 삼으실 것이다.

지금으로부터 거의 15년 전에 얻은 깨달음 덕분에 나는 각자 처한 상황에 맞춰 사람들을 도울 수 있는 기회를 찾게 되었다. 결과적으로 내 행복감과 자기가치감은 헤아릴 수 없을 정도로 개선되었다.

앞으로 배워야 할 가장 중요한 것

아버지, 남편, 경영자, 기업인, 시민, 그리고 학자로 지금까지 인생을 살아오면서 찾아낸 목적에 대한 지식은 내게 중요한 역할을 해왔다. 그 지식이 없었다면 어떻게 중요한 것들에 우선순위를 두는 방법을 알 수 있었을까?

이 깨달음은 최근 내가 인생의 가장 큰 도전 중 하나를 극복해 나가야 했을 때 큰 위안이 되었다. 암에서 회복되어 가던 나는 제임스와 캐런과 함께 이 책을 집필하기 시작하자마자 허혈성 뇌졸중으로 고통을 겪었다.

허혈성 뇌졸중에 걸리면 뇌혈관 폐색으로 인해 뇌혈류가 감소되어 글쓰기와 말하기 등의 기능이 제대로 안 되고, 결과적으로 '표현실어증表現失語症'이 생긴다. 그래서 발병 직후에는 간단한 몇 단어 외에는 말하거나 쓸 수 없었다.

이 병은 내게 너무나 힘든 도전이었다. 교수로서 내 일에는 글쓰기와 말하기 능력이 매우 중요하기 때문이다.

그후 나는 다시 말하는 법을 배우려고 애썼다. 한 번에 한 단어씩을 배워나갔다.

인지 및 말하기 능력을 회복하기란 아주 힘들었고, 개선 속도도 나를 좌절시킬 만큼 더뎠다. 내가 가진 거의 모든 시간과 에너지를 투자해야 했다. 인생에서 처음으로 나 자신과 내가 가진 문제들에 집중했다. 그러자 내 인생에서 처음으로 진정한 절망감을 느꼈다. 문제에 더 집중할수록 내게 원기를 북돋아줄 에너지는 점점 더 줄어들었다. 이런 악순환이 지속되면서 더 망연자실했다.

나는 인생의 갈림길에 도달했다는 걸 깨달았다. 내 문제를 숨기고, 이 세상에서 물러나, 나 자신에게 집중하기 위해 노력할 수 있었다. 그게 아니라면 경로를 바꿀 수도 있었다.

나는 무엇보다 내 목적이라고 알고 있던 것에 최대한 많은 인지적·신체적 능력을 쏟기로 결심했다. 그렇게 하자, 다시 말해 나 자신보다 다른 사람들이 처한 도전들의 해결에 집중하자 절망감은 사라지고 다시 행복감을 찾았다.

나는 학생들에게 시간을 내서 인생 목적을 이해해야 한다고 말한다. 그리고 훗날 그 목적이야말로 지금까지의 발견 중에서 가장 중요한 것이었음을 깨닫게 될 것이라고 장담한다. 또한 학교에서 보내는 시간은 이 질문에 대해 깊게 성찰하기에는 최적의 시간이 아닐 수도 있다고 경고한다.

빠르게 변하는 사회생활, 가족에 대한 책임, 그리고 성공이 주는 가시적 보상들은 시간과 시각을 모두 집어삼켜 버리는 경향이 있다.

학생들은 방향타 없이도 학교 졸업 후에 순항하겠지만, 정말로 거친 인생의 바다 속에서 휘말려 흔들릴 것이다. 장기적으로 봤을 때 분명한 인생 목적은 활동기준원가계산(사업을 업무 활동 단위로 세분해서 각 업무 활동 단위마다 소요 경비를 수치화하는 방법-옮긴이), 균형성과기록표(기업의 사명과 전략을 측정하고 관리할 수 있는 포괄적인 측정 지표-옮긴이), 핵심역량, 파괴적 혁신, 네 가지 P(기업이 고객을 창조하는 제품Product, 가격Price, 유통Placement, 판촉Promotion 등 P로 시작하는 네 가지 마케팅 접근 방법-옮긴이), 다섯 가지 힘(하버드대학교의 마이클 포터Michael Porter 교수가 말한 산업 분석 모델. ①기존 경쟁자 간의 경쟁 정도 ②공급자들의 교섭력 ③구매자들의 교섭력 ④잠재적 진입자의 위협 ⑤대체제의 위협을 의미한다. 포터는 이 다섯 가지 요소로부터 나오는 힘이 강할수록 기업이 이윤을 실현할 여지가 줄어든다고 했다-옮긴이) 그리고 기타 하버드에서 가르치는 핵심적 경영 이론들을 누르고 승리할 것이다.

이것은 학생들뿐 아니라 바로 당신에게도 적용되는 말이다. 시간을 내서 인생의 목적을 이해해 본다면 훗날 지금껏 배웠던 것 중에서 가장 중요한 것이 내 인생의 목적이었다고 생각하게 될 거라고 약속한다.

나는 독자들이 사회생활에서 성공하고 행복한 인생을 설계하도록 돕고자 훌륭하고 역량 있는 두 사람의 공저자와 함께 이 책을 썼다. 당신이 가족 구성원과 친구들에게 그들이 당연히 받아야 할 당신의 시간과 재능을 투자하는 한, 그들과 맺는 친밀하고 사랑스러운 관계 속에서 깊은 행복감을 찾는 데 이 책이 도움을 주기를 바란다. 또한 성실한 인생을 살도록 이 책이 도와줄 수 있기를 바란다.

그리고 무엇보다도 우리 모두가 결국 가장 중요한 기준에 따라 성공했다는 평가를 받기 바란다.

당신은 자신의 인생을 어떻게 평가할 것인가?

우리를 행복하게 할 미래예측

클레이튼 M. 크리스텐슨, 하버드경영대학원 교수(대표 저자)

많은 경영 연구원들과 컨설턴트들과 작가들은 기술, 기업, 시장에 대해 '스냅사진' 같은 고정된 관점들을 만들어 판다. 이런 사진들은 특정 시기에 성공한 기업들과 고전하는 기업들의 특징과 관행들을 보여준다. 혹은 특정한 시간에 남들보다 더 좋은 성과를 내고 있는 임원들과 그렇지 못한 임원들을 보여준다. 그리고 이어 명시적으로건 묵시적으로건 최고의 성과를 내는 사람들처럼 되고 싶다면 최고의 기업과 최고의 임원들이 하는 행동을 모방해야 한다고 주장한다. 많은 이들이 제시하는 사진들은 경주에서 앞서 가는 기업과 임원들뿐 아니라 동시에 뒤처진 기업과 임원들을 모두 보여준다. 그러나 그들이 왜 그런 자리에 서있게 됐는지에 대해서는 별다른 설명을 해주지 않는다.

더군다나 사진들에 등장한 기업과 임원들에게 나중에 어떤 일이 생길지도 말해주지 않는다.

나는 동료들과 제자들과 함께 그런 사진들을 찍는 사람이 되지 않도록 노력했다. 그보다 우리는 경영을 주제로 한 '영화들'을 제작 중이다. 이 영화들은 극장에서 흔히 볼 수 있는, 프로듀서와 극작가들이 머릿속에 담겨있던 허구를 극화한 평범한 영화들이 아니다. 우리가 하버드에서 만들고 있는 이 특별한 영화들은 이 책에서 요약해놓은 '이론들'이다.

이 이론들은 인과관계와 이유를 드러내준다. 이 이론들은 이 영화들의 '플롯'을 구성한다. 서스펜스와 놀라움으로 가득 찬 극장용 영화들과 달리 우리가 만든 영화들의 플롯은 완벽하게 예측 가능하다. 따라서 영화에 출연하는 배우들(여러 다른 사람들과 기업들과 산업들)을 교체해도 다시 영화를 관람할 수 있다. 또한 배우들이 영화 속에서 취할 행동들도 선택할 수 있다. 그런데도 이 영화들의 플롯이 인과관계 이론에 뿌리를 내리고 있기 때문에 행동들의 결과도 완벽하게 예측 가능하다.

영화가 지겨울 것 같은가? 오락적 요소를 찾는 사람들에게는 그렇게 느껴질 수도 있다. 하지만 좋은 성과를 내야 하는 경영진에게 이론들은 필연적으로 시뮬레이션을 통해 다양한 행동들의 장단기 효과를 예측할 수 있게 해준다. 이론이 플롯인 이상, 당신은 원한다면 지금까지 일어난 일의 인과관계와 이유를 이해하기 위해서 과거에 일어난 일을 반복적으로 돌려 시청할 수 있다.

이런 종류의 영화들이 가진 또 다른 특징은 실제로 닥치지 않은 미래도 예측하게 해준다는 점이다. 당신은 자신이 처했다고 느끼는 여러 다른 상황들에 따라서 세웠던 계획을 수정하고, 그 결과로 무슨 일이 일어날지를 영화 속에서 볼 수 있다.

경영진이 활동하는 세계의 메커니즘을 설명해 주는 이런 이론 체제를 개발하는 데 도움을 준 많은 사람들에게 엄청난 빚을 졌다. 켄트 브라운Kent Brown과 윌리 시Willy Shih 교수들은 내게 이론이란 게 무엇인지 그리고 사회 과학 영역에서 강력한 이론을 창조하기 위해 과학적 연구 과정을 어떻게 밟아나가야 하는지를 가르쳐주었다. 내 연구에 있어 그들의 지도는 값을 매길 수 없을 만큼 소중했다.

동료 교수들과 하버드와 MIT의 MBA 및 박사과정 재학생들, 그리고 이노사이트Innosight와 이노사이트 연구소의 파트너와 회원들은 모두 세상에서 가장 똑똑하면서도 가장 사심이 없는 사람들이다. 그들은 매일 우리 이론을 통해 문제 해결 방법과 기업의 성공 전략을 창조하기 위해 애쓰고 있다. 또한 우리의 연구로 아직까지 설명할 수 없는 상황이나 결과들도 찾아내어, 나로 하여금 이런 이례적인 상황을 해결하면서 이론을 개선하도록 도와준다. 내가 그런 능력을 가진 사람들과 일할 수 있는 기회를 갖게 되리라곤 상상해 본 적이 없었다. 사실 제자들이 내 스승이 될 수 있다고도 상상하지 못했다.

가족과 개인 생활 속에서 행복을 찾는 방법을 주제로 글을 쓴 많은 사람들은 성공한 사람들과 행복한 가족들을 실패한 사람들과 불행한 사람들과 대비시켜 놓으면서 앞서 설명했던 것과 똑같은 스냅사진들을 만들고 있다. 우리가 그들과 똑같이 행동하면 그들처럼 성공하고 행복해질 거라고 약속하면서 단순하고 상투적인 해결책만을 처방해 준다.

이 책에 담긴 가장 중요한 주장은, 경영 이론들이 가족, 결혼, 그리고 우리 자신에게 성공과 행복을 안겨주거나 아니면 반대로 실패와 불행을 야기하는 많은 요인들을 설명해 준다는 것이다. 부연하자면, 기업에게 닥쳐올 미래를 상상할 수 있게 하는 이론들이나 '영화들'은 우리가 생활 속에서 정할 선택과 우선순위들로부터 생기는 예상 가능한 결과들을 보게 도와준다.

이런 통찰들 중에 다수는 지난 10년 동안 북미 동북부 구역의 예수 그리스도 후기 성도 교회 성도들과 함께 일요 예배를 보면서 나왔다. 이 예배를 경험하지 못한 사람들에게 예배의 가치를 잘 설명하기는 어렵다. 예배 참석자들의 지적인 엄격함은 내가 하버드에서 경험하는 것과 비교될 만하다. 게다가 그들의 영적 영감은 타의 추종을 불허할 정도라서 나는 그들로부터 우리 인생이 어떻게 평가되는지를 배울 수 있었다. 나는 이 훌륭한 친구들에게 감사한다. 그들로부터 영원한 진실에 대해 정말로 많은 걸 배우고 있다.

이 책의 공저자로서 캐런 딜론과 제임스 올워스보다 더 역량

이 있는 이들을 찾을 수 없을 것이다. 그들은 내가 뇌졸중에서 회복하느라 고생하고 있었을 때 내 머릿속에 갇혀 있던 중요한 통찰들을 인내심을 갖고 빼내주었다. 그들과 나의 세계관이 서로 다르기 때문에 나는 그들을 이 책의 공저자들로 초대했다. 내가 책 집필에 구두로만 제한적으로 기여할 수 있었을 때조차 그들은 우리 세 사람 사이에서 균형 잡힌 논쟁과 토론을 주도했다. 또한 나의 걱정과 기여를 설득력 있게 말로 표현할 수 없었을 때조차 내 시각을 대신 표현해 주었다.

제임스는 지난 20년 동안 내가 하버드경영대학원에서 만났던 수천 명의 학생들 가운데 가장 똑똑한 학생 중 한 명이다. 게다가 그는 정말로 겸손하면서도 이타적인 사람이다. 한편 캐런은 이 세상에서 가장 글을 잘 쓰는 편집인 중 한 명이다. 〈하버드비즈니스리뷰〉 매 호, 매 쪽 그녀의 그런 능력이 명확히 감지된다. 나는 이런 과정을 통해서 능력 있는 동료들과 평생 친구들을 만들었다. 더할 나위 없이 감사할 따름이다.

인생이 복잡해졌을 때, 내 곁에 에밀리 스나이더와 리자 스톤이 없었더라면 허송세월하며 사는 멍청한 교수가 되었을 것이다. 그들은 내가 사는 세상과 그들이 만나는 모든 사람들에게 평온함, 친절함, 질서, 아름다움, 재미를 안겨주었다. 나를 찾아온 사람들은 보통 에밀리나 리자와 만나는 시간을 가장 좋아한다. 나는 그들과 비교가 안 된다.

아내 크리스틴과 아이들 매튜, 앤, 마이클, 스펜서, 캐티는 이 책에 나오는 모든 문단들을 질문하고, 검증하고, 편집하고, 답변했다. 그들은 충분히 그럴 자격이 있다. 이 책에 등장하는 생각들의 발전과 적용은 진정 가족이 맡아 해야 할 일이었다. 크리스틴과 사랑에 빠졌을 때 나는 결혼과 아버지로서의 삶에 대해 몇 장의 스냅사진들을 그려보았다. 이제 우리 부부와 아이들은 이 책에 소개된 이론들이 우리에게 선사한 영화들을 개인적·집단적 차원에서 연구해 왔다. 이 영화들의 플롯이, 우리가 선택한 행동들이 초래한 결과들을 얼마나 정확히 예측했는지를 보면 그저 놀라울 따름이다.

우리에게 그토록 많은 행복감을 선사한 선택들을 해준 우리 가족의 용기가 형언하기 힘들 정도로 고맙다. 이 책을 우리 가족에게 바친다. 그리고 책에 담긴 생각들이 우리에게 그랬던 것처럼 독자들에게도 도움이 되기를 바란다.

내가 도운 그들이 나를 도왔다

제임스 올워스, 하버드경영대학원 졸업생(공저자)

고백할 게 있다. 누군가 3년 전 내가 집에서 멀리 떨어진 하버드경영대학원에 진학하는 모험을 시작하기 전에, 내가 어떤 책의 공저자로 이름을 올릴 거라고 말해 줬다면, 나는 절대 믿지 못했을 것이다. 심지어 그것이 이 세상에서 가장 엄격한 경영 이론 몇 가지를 인생의 행복감과 성취감을 찾는 데 적용하는 방법을 가르쳐주는 책이라고 말해 줬다면, 나는 웃음보를 터뜨렸을지도 모른다.

가끔 인생은 웃기게도 흘러간다.

가장 먼저 감사의 말씀을 드리고 싶은 사람은 멘토이자 친구라고 부를 수 있는 엄청난 행운을 누리게 해준 크리스텐슨 교수님이다. 그의 수업을 듣던 첫날, 내 인생의 경로가 바뀌었다고 말할 수 있다. 크리스텐슨 교수님은 당시 인생에서 가장 중요한 걸 가장 힘들었던 학교 수업으로부터 배웠다고 경고한 뒤 내게 깜짝 질문을 던졌다(경영대학원에서는 흔히 수업 시작 때 예상하지 못한 까다로운 질문들이 나온다). 교수님은 내가 대답을 찾느라 더듬거리는 동안에 인내심을 갖고 기다리다가 아주 자상한 어투로 우리 모두가 그의 질문에 대한 답을 이해하게 만들어주었다. 이후로도 이런 장면은 여러 차례 펼쳐졌다. 한 학기 동안에 이런 장면이 반복된다면 (수업을 듣는 모든 학생들에게 정말로 많은 관심을 보여주신 세계 최고의 석학 중 한 분으로부터 배우면서) 장담하건대 결국 많은 걸 배울 수 있다.

교수님이 한 모든 일의 원동력은 주위 사람들에 대한 진정한 관심이었다. 내가 교수님과 알고 지낸 시간 동안 그런 관심과 걱정이 흔들리는 걸 본 적이 없다. 학기 도중에 교수님은 암 진단을 받았고, 다시 수업을 할 수 있을 정도로 건강이 회복되자마자 돌아와 우리 곁에 섰다. 종강일에 교수님이 우리와 함께 이 책에 들어 있는 세 가지 질문들에 대한 답을 고민했던 건 결코 잊을 수 없는 소중한 경험이었다. 당시 교수님 가족도 우리와 같이 수업을 들었지만, 아무도 그것이 교수님의 마지막 수업일지도 모른다는 걸 전혀 알지 못했다. 그때 교수님은 더 결연하게 우리를 도왔을 뿐이었다.

교수님과 함께 일할 수 있는 특권을 누리기 위해 과연 나는 무슨 일을 했는지 오랫동안 생각해 보았다. 그와 같이 연구하면서 나는 진심으로 나 자신이 중요한 게 아니라는 걸 깨달았다. 독일의 문호 괴테의 말을 빌리자면, '사람들이 그들의 가장 바람직한 모습이 될 수 있도록 도와주는 게' 중요하다. 크리스텐슨 교수님은 내가 그를 돕고 있다고 '생각'하게 만들었을지 모르지만, 실제로 나를 도와준 건 언제나 그였다.

교수님, 당신으로부터 정말로 많은 걸 배웠습니다. 부모님 다음으로 교수님은 누구보다 제 세계관을 바꾸는 데 많은 영향을 주셨습니다. 정말로 감사합니다.

이 책을 집필하는 동안에 정말로 큰 도움을 받은 사람이 또 있다. 캐런 딜론이다. 그에게서 정말로 많은 것을 배웠으며, 지금은 좋은 친구라고 부를 수 있는 특권까지 누리게 되었다. 캐런과 처음 만났을 때 나는 그에게 도움을 청해야 할 상황이었다. 그는 사실 나를 도와줄 실질적인 명분이 없었다. 그러나 그는 나를 능력 이상으로 도와주기 위해서 애썼다.

캐런과의 첫 만남은 크리스텐슨 교수님과의 첫 번째 만남이 우리 향후 관계를 예고했던 것과 같았다. 그는 어중간하게 일을 끝내지 않는, 침착하고 이타적인 사람이다. 또한 정말로 훌륭한 유머 감각을 갖고 있으며, 영리하고 똑똑하다. 그를 만난 것뿐 아니라, 함께 일할 수 있는 기회를 얻은 건 내게 행운이었다. 상황이 꼬이기 시작할 때마다 캐런은 똑똑한 머리와 유머와 무한

한 긍정적인 태도를 십분 활용, 우리를 그런 상황에서 다시 빼내주었다. 이제 캐런과 함께 역경을 맞이하는 게 재미있을 정도다. 그가 뒤에서 나를 지원해 주고, 역경에서 빼내줄 것을 알기 때문이다.

> 캐런, 당신 덕분에 이번 프로젝트 내내 즐거웠습니다. 역경에 처했을 때 당신보다 더 같이 있고 싶은 사람이 없답니다.

이 밖에도 이번 프로젝트를 믿고 지원해 준 하퍼콜린스의 대표 홀리스 하임바우크, 아낌없는 조언과 피드백과 제안을 해준 여러 동료들 그리고 우리 생각을 정리하게 도와줬고 우리에게 동기를 부여한 리자 스톤과 에밀리 스나이더에게도 이 자리를 빌려 고맙다고 전하고 싶다.

2010년 하버드경영대학원 수업을 같이 듣고 그때 크리스텐슨 교수님이 우리에게 전한 메시지를 보다 많은 사람들과 공유하면 좋겠다는 데 공감한 내 친구들, 그리고 이번 프로젝트의 다양한 과정에서 도움과 지도를 해주신 많은 교수님들에게도 감사드린다. 인내심을 갖고 우리를 도와준 부즈앤컴퍼니의 친구들에게도 감사한다. 특히 팀 잭슨과 마이클 휴이의 도움이 없었다면 이 책을 쓸 수 있었을지 모르겠다.

나는 교수님으로부터 상호 정직함을 유지하면서 인생에서 진정 의미가 있다고 느끼는 일을 같이 독려하는 동창들에 대한 이야기를 들은 적이 있다. 교수님에게서 처음 그 이야기를 들었을 때 내 얼굴에 커다란 웃음이 퍼졌다. 하버드경영대학원 졸업생들처럼 크리스텐슨 교수님과 나는 몇 년 동안 떨어져 있었지만 나 역시 친구들로부터 똑같은 도움을 받았기 때문이다. 내 친구들은 내가 의미 있다고 생각하고, 내가 믿는 중요한 일을 하게 나를 다그치고, 나를 자극하고, 나를 설득했다. 그들은 내가 안주하게 내버려두지 않았다. 친구들아, 고맙다.

두 공저자의 가족에게도 고맙다는 말을 전하고 싶다. 이번 프로젝트는 모두가 자진해서 하는 봉사활동이나 다름이 없었다. 이번 프로젝트를 수행하느라 각 가족들은 가끔 사랑하는 사람들과 이별 아닌 이별을 해야 했다. 게다가 우리는 그들에게 편집과 피드백을 요청했으며, 해외여행에서부터 휴일에 이르기까지 그들의 모든 일에 간섭했으며, 이 책에 가족에 대한 이야기를 넣기도 했다. 우리가 끝까지 프로젝트를 완수할 수 있게 도와준 크리스틴과 리처드에게 특별히 감사한다. 그들을 알게 된 건 즐거운 경험이었다.

우리 가족도 빼놓을 수 없겠다. 가족의 끊임없는 도움과 지지와 사랑이 없었더라면 이번 일뿐 아니라 그동안 내가 누린 멋진 경험들을 결코 맛보지 못했을 것이다. 식구들이 나를 위해 얼마나 많은 걸 희생했는지, 아무리 감사해도 충분하지 않다는 것을 알고 있다. 이 책을 집필할 때 부모님과 여동생 니키가 이 책에 나오는 많은 이론들을 직관적으로 우리 가족에게 적용하는 걸 보고 놀라지 않을 수 없었다. 우리 가족에게 글로 표현할 수 있는 것 이상으로 감사한다.

끝으로 지금 이 책을 읽고 있는 독자들에게도 고맙다는 말씀을 드리고 싶다. 우리를 믿고 이 책을 사서 우리가 하는 말을 들어준 데 대해 감사한다. 우리가 여러분을 도와줄 수 있을지 모른다는 기대를 갖고 이 책에 열정을 쏟아부었다.

진심으로, 정말 진심으로 독자 여러분들도 내가 이 책의 집필을 도우면서 얻었던 것만큼 많은 것을 얻기 바란다.

인생의 목적을 찾아준 만남

캐런 딜론, 전 〈하버드비즈니스리뷰〉 편집인(공저자)

클레이튼 크리스텐슨 교수와의 만남은 내 인생을 바꿔놓았다.

2010년 봄에 내가 〈하버드비즈니스리뷰〉 편집인으로 있었을 당시 나는 여름 특별호 제작 차 추가로 집어넣을 원고를 찾느라 여기저기 수소문하고 있었다. 그해 봄에 하버드경영대학원 졸업 예정인 학생들은 그나마 경제 전망이 밝고 모든 게 가능해 보였던 시기에 대학원에 들어왔지만, 졸업 후에는 불확실성으로 가득 찬 사회로 진출하는 상황에 놓여 있었다. 나는 경영대학원 졸업반 공동 대표였던 패트릭 전에게 연락해서 졸업생들에게 어울리는 좋은 내용의 글이 없는지 알아봤다. 패트릭은 졸업반 학생들이 크리스텐슨 교수를 연사로 뽑았고, 그의 연설이 정말로 감동적이었다고 말해 주었다.

그래서 크리스텐슨 교수에게 연락해서 그의 사무실에 들러 학생들에게 해준 말씀 중 일부라도 좀 얻어갈 수 없는지 문의했다. 그는 흔쾌히 요청을 수락했고, 나는 디지털 녹음기와 〈하버드비즈니스리뷰〉에 넣을 글을 구해 보겠다는 목표를 갖고 경영대학원 캠퍼스로 향했다.

그의 사무실로 들어갔을 때만 해도 나는 MBA 졸업생들의 인생에 대해서만 생각했다. 그런데 한 시간 뒤에 사무실을 빠져나왔을 때 나는 내 인생에 대해 고민하게 되었다.

크리스텐슨 교수가 물었던 모든 질문과 그가 설명했던 모든 이론이 내 가슴속에 잔잔히 울려 퍼졌다. 이후로 몇 달 뒤에 나는 우리가 원래 나눴던 대화 원고를 다시 검토하면서 나 자신의 생각이 발전한 상태에서 그 논의를 바라볼 수 있었다.

> 내가 정말로 내게 가장 중요한 일에 내 자원을 할당하고 있었던 걸까? 내게 인생 전략이라는 게 있었을까? 목적은 갖고 있었을까? 나는 내 인생을 어떻게 평가하고 싶은가?

크리스텐슨 교수와 만나고 몇 시간 뒤에 대학원 주차장에 서 있었다. 그리고 이런 질문들에 만족스러운 답변을 얻지 못했다는 걸 알았다.

이후로 나는 가족에게 다시 집중하자는 목표를 갖고서 내 인생의 거의 모든 것을 바꿨다. 2011년 봄에 동료들이 잘되기를 바라며 〈하버드비즈니스리뷰〉 편집인 자리에서 물러났다.

그리고 몇 달 동안 크리스텐슨 교수와 제임스와 이 책을 쓰면서, 내 인생, 특히 무엇보다도 남편과 딸들의 인생에서 매 순간 같이 시간을 보냈다. 이후로 내가 내린 결정을 단 한 번도 후회한 적이 없다.

크리스텐슨 교수와 제임스와 함께 이 책을 공동 집필한 건 정말이지 내겐 큰 영광이자 기쁨이었다. 이 책은 세 공저자들이 오랫동안 나눴던 논의와 토론을 정리한 것이다. 크리스텐슨 교수의 이론을 사사하고, 열정과 정열로 가득 찬 제임스의 사고와 대담한 질문들을 접할 수 있었던 건 나로선 특권이었다.

이 자리를 빌려 이 책이 무사히 나올 수 있게 도와준 〈하버드비즈니스리뷰〉의 동료들을 비롯해서 모든 분들에게 감사의 말씀을 드린다.

내가 이 책을 쓰고, 내 인생을 '리셋'하기 위해서 노력하는 동안에 확 바뀐 생활의 변화를 묵묵히 이해해 준 남편과 딸아이들에게도 고마움을 전한다.

그들은 내 모든 면에서 도움과 영감을 주었다. 나는 아내이자 엄마가 된 걸 내가 받은 선물이라고 생각한다. 진정 가족 속에서 내 인생의 목적을 찾았다.

이제 내 인생을 어떻게 평가하면 될지 깨달았다.

최고 경영구루의 인생 지침서를 만나다

이호욱, 연세대학교 경영학과 교수

클레이튼 크리스텐슨 교수는 '경영학계의 아인슈타인'으로 불리는 당대 경영학 최고의 대가이다. 그는 저서 《혁신기업들의 딜레마*The Innovator's Dilemma*》를 통해 수많은 선도 기업의 몰락 과정을 설명했고 냉철한 머리로 전략경영 분야의 최고 이론인 '파괴적 혁신 이론'을 전 세계 기업인들에게 선사한 경영구루이다. 그리고 그의 위대한 업적을 따뜻한 가슴으로 인생에 접목시킨 지침서가 바로 이 책이다.

누구나 한 번쯤은 '인생을 어떻게 살아가야 할까'에 대해 고민한 적이 있을 것이다. 그러나 정작 이 물음에 대한 해답은 찾기가 쉽지 않은데, 그 이유는 인생 자체가 모순의 연속이고 이 모순을 잘 관리해야 해답의 실마리가 생기기 때문이다.

그런데 크리스텐슨 교수 자신이 살아 있는 모순인 셈이라 인생 모순에 대한 해법을 제시해 줄 수 있는 적임자가 아닌가 싶다. 예로, 그는 2미터가 넘는 거구인데 강의할 때는 매우 섬세하며 차분하다. 교수로서 많은 이론에 해박하면서도 기업을 직접 설립하고 경영한 실무 경험 또한 풍부하다. 1971년부터 2년간 한국에서 선교 활동을 한 덕분에 한국어도 어느 정도 구사한다. 최고의 석학이면서도 매우 겸손하다.

이와 같은 그의 탁월한 모순 관리 능력을 인생에 적용한 이 책에서 우리는 많은 것을 배울 수 있다. 무엇보다 크리스텐슨 교수는 과거 사례가 아닌 이론의 힘을 통해 우리에게 지금 당장의 인생 설계를 조언해 준다.

미래예측 능력을 갖추는 것은 인생에서 성공하기 위한 필수 조건이다. 그런데 대개 우리는 과거 경험에 의존해 미래를 예측하게 되며, 이런 방법은 인생을 살면서 모든 것을 경험할 수 없다는 데 한계가 있다. 따라서 미리 경험을 하지 않아도 어떠한 일들이 일어날지 예측하는 것이 매우 중요한데, 이것이 바로 이론의 가치라고 크리스텐슨 교수는 설명한다. 즉, 많은 세월의 공격test of time을 잘 견뎌낸 이론은 인과관계를 제시해 줌으로써 미래를 예측하는 데 도움을 주고 각자 처한 환경에 맞는 좋은 선택을 할 수 있도록 한다.

그는 말한다. "좋은 이론은 변덕을 부리지 않으며, 특정 기업이나 개인에게만 적용되는 예외의 경우도 없다. 무슨 일이 일어나는지, 왜 그런 일이 일어나는지를 설명해 주는 보편적인 진술이 바로 좋은 이론이다"라고. 그래서 의사결정을 할 때는 사람보다 이론을 믿어야 한다고 주장한다.

크리스텐슨 교수는 그동안 연구와 강의를 통해 우리에게 소개한 대표적인 경영학 이론을 바탕으로 '성공적인 사회생활, 행복한 가정, 참된 삶에 관한 해법'을 제시해 준다. 그는 성공적인 사회생활을 위해서 '자원 할당'을 현명하게 해야 한다고 말한다. 가시적인 성과가 확실한 단기 활동보다는 장기적인 활동에 자원을 더 배분하는 노력을 해야 성공적인 사회생활을 할 수 있다는 얘기다. '좋은 돈과 나쁜 돈 이론'을 이해하면서 서두르지 않고 차근차근 기초를 다져나가는 것이 가족의 행복에 많은 기여를 한다는 사실도 설명한다. 마지막으로 올바른 삶을 살기 위해 '한계비용과 전체비용'의 차이를 정확하게 알고 실천해야 한다고 조언한다. 특히 한계적 사고는 '이번 한 번만'으로 표현할 수 있는데, 이런 사고의 함정이야말로 인생 실패의 근본 원인이라고 주장한다.

책장 넘어가는 것이 이토록 아쉽고 두려움마저 느낀 적은 이번이 처음이다. 최근에 암까지 극복해 낸 크리스텐슨 교수는 '참된 인생이란 무엇인가'라는 질문에 이렇게 대답한다.

"이 세상에 머무를 수 있는 시간은 각자 다르지만 우리의 최종 목표는 주어진 시간과 에너지를 잘 관리해서 모두에게 도움을 주는 삶을 살아가는 것이다."

여러 저서를 통해 지금껏 많은 통찰을 선사해 온 크리스텐슨 교수가 인생을 어떻게 살아가야 할지 고민하는 사람들에게 선사하는 이 선물 같은 책은 그의 최고 걸작이다.

하버드 인생학 특강

1판 1쇄 인쇄 2012년 12월 14일
2판 1쇄 발행 2020년 2월 21일
2판 5쇄 발행 2024년 11월 8일

지은이 클레이튼 M. 크리스텐슨, 제임스 올워스, 캐런 딜론
옮긴이 이진원
감수 이호욱

발행인 양원석
편집장 김건희
영업마케팅 조아라, 박소정, 한혜원

펴낸 곳 ㈜알에이치코리아
주소 서울시 금천구 가산디지털2로 53, 20층(가산동, 한라시그마밸리)
편집문의 02-6443-8903 **도서문의** 02-6443-8800
홈페이지 http://rhk.co.kr
등록 2004년 1월 15일 제2-3726호

ISBN 978-89-255-6899-7(03320)

※이 책은 2012년 출간된《당신의 인생을 어떻게 평가할 것인가》의 개정판입니다.

HOW WILL YOU MEASURE YOUR LIFE?